샌퀸틴 해변의 징검다리

국립중앙도서관 출판예정도서목록(CIP)

샌퀸틴 해변의 징검다리 : 최청원 산문집 / 지은이: 최청원.
-- 서울 : 선우미디어, 2015
p. ; cm
ISBN 978-89-5658-409-6 03810 : ₩12000
산문(문장)[散文]
한국 현대 문학[韓國現代文學]
814.7-KDC6
895.745-DDC23 CIP2015023297

샌퀸틴 해변의 징검다리

1판 1쇄 발행 | 2015년 9월 1일

지은이 | 최청원
발행인 | 이선우
펴낸곳 | 도서출판 선우미디어
등록 | 1997. 8. 7 제305-2014-000020호
130-100 서울시 동대문구 장한로12길 40, 101동 203호
☎ 2272-3351, 3352 팩스: 2272-5540
sunwoome@hanmail.net

값 12,000원

※ 이 도서의 국립중앙도서관 출판시도서목록(CIP)은 서지정보유통지원시스템 홈페이지(http://seoji.nl.go.kr)와 국가자료공동목록시스템(http://www.nl.go.kr/kolisnet)에서 이용하실 수 있습니다. (CIP제어번호:2015023297)

ISBN 978-89-5658-409-6 03810

미국과 멕시코, 의사와 문인의 경계를 넘어
20여 년 의료봉사를 실천하는 선한 사마리아 의사!

샌퀸틴 해변의 징검다리

최청원 산문집

선우미디어

추천의 말씀

마종기 의사, 시인, 한국문학의학학회 회장

얼마 전, 가까이 지내는 의대 동기 친구가 연락을 주면서 몇 해 후배가 되는 최청원 내과전문의가 오랜 기간 계속해온 의료봉사의 경험을 주축으로 수년간 수필을 써왔고 그 글들을 모아 책으로 출간하려고 하니 추천사를 붙여드리는 게 어떠냐고 물어왔다. 최청원 선생은 내가 전에도 만나 뵌 분이고 특히나 내 절친의 사돈어른이라 기왕이면 써드려야겠다고 다짐하면서 그분께 원고를 보내달라고 청하였다. 원고는 곧 도착하였고 나는 반신반의하며 그의 글들을 읽어 나갔다.

내가 감히 반신반의라는 단어를 쓴 이유는 몇 번의 내 경험으로 미루어 말한 것이었다. 대부분의 경우 의사가 산문집 같은 책을 출간하겠다고 보내온 글들을 보면 자신이 세상일을 얼마나 상세히 많이 아는가를 자랑삼거나 모두가 아는 일을 자신만이 알고 있는 듯, 온갖 수사학을 다 동원한 글들이 많아서였다.

그러나 최청원 내과전문의가 남가주의 어느 일간 신문에 연재했다는 수필들을 하나씩 읽어가면서 나는 나도 모르게 글 읽는 내 자세가 달라졌고 옷깃을 여미듯 마음이 정중해졌고 결국에는 온 몸이 잔잔한 감동으로 젖어오기 시작했다. 아마도 내가 은퇴한 의사였기에 아직도 의사의 피가 내 몸에 흘렀던 이유도 있었을 것이다. 그러나 한 인간이, 그것도 세상에서 바쁜 일상을 살아야 하는 내과 개업의사가 한적한 멕시코 해변, 가난의 극치를 헤매는 빈민들을 찾아가 그들을 위해 20여 년 쉬지 않고 계속 봉사한 그의 기록은 문득 내가 살아온 생을 뒤돌아보며 부끄러움에 낯이 뜨거워지는 느낌까지 받았다.

물론 뒤돌아 다시 그의 글을 읽어보면 문장이 세련되지 못한 곳이 눈에 뜨이고 거친 표현력이 읽기를 더디게 하기도 한다. 그러나 그렇게 훈련되지 않고 그래서 매끈하지 못한 문장이 오히려 힘든 봉사로 땀에 절은 마음씨 착한 의사를 맨살로 만나는 것 같아 친밀감을 주기도 한다. 또한 자신이 책을 출간해서 문학인으로 자리매김을 하려는 게 아니고 주위의 여러분에게 자신의 책이 좀 알려져서 그가 계속해온 의료봉사에 도움이 되었으면 한다는 그의 겸손하고 진솔한 고백이 글의 구석구석에서 튼실한 무게를 더해주고 있음도 느꼈다.

그의 글들은 대부분 그가 펼쳐온 '바하 힐링 미션'이라는 이름의 의료 선교 봉사회의 활동에 대한 에피소드와 그와 관련된 일과들이다. 그가 살고 있는 미국의 남서부 끝에서 9시간정도 드라이브로 국경을 넘어 태평양 연안의 가난한 멕시코의 샌퀸틴 지역에서 벌이는 의료 봉사는 선교 활동이라기보다는 믿는 이의 지극한 정성과 사랑의 정신 자체라고 말할 수 있을 것이다. 더할 수 없이 가난한 그들을 위해 의료 봉사를 하면서 한편으로는 싸구려 먹을거리나마 마련해 배고픈 이를 돕기도 하고 입을 옷가지나 신발까지 나누어주는 그 관심의 농도가 읽는 이를 그대로 감동시킨다. 그의 글들이 큰 힘으로 다가오는 이유는 바로 하나님을 믿는 사람들의 근원을 그가 보여주고 있기 때문일 것이다. 행동이 없는 믿음은 죽은 믿음이라는 말을 그가 실제 행동으로 보여주고 있고 그 과정을 정직한 기록으로 남긴 것이라 읽는 이를 감동시키는 것이리라.

그러면 과연 이런 글들을 우리는 어떤 장르의 문학이라고 부를까. 소설도 아니고 시도 아니고 그렇다고 수필로 쓸어 넣기에는 그 기록이 너무 생생하게 살아있다. 그러나 신문 기사나 르포르타주라고 하기에는 또 너무 따뜻하고 개인적인 감정이 곳곳에 고여 있다. 인간의 체온이 살아있는 문학, 뜨거운 감동을 전하는 문학, 아마도 이런 글을 우리는 혹시 체험 문학이라고 부를 수 있을까. 50여 년 문학과 함께 살아온 나도 그의 문학의 자리매김을 주저하게 된다. 그러나 최청원 내과전문의는 그런 것에 전연 관계치 않으리라.

최청원 선생은 연전에 서울의 연세대학교 창립기념일 행사에서 영예의 '연세의학 대상'을 수상했다. 나는 그의 수상 소식을 듣고 갑자기 한 인물을 연상했다. 그의 이름은 안톤 체호프(A. Chekhov). 문학의 나라인 러시아에서 삼대 문호로 존경받는 19세기 작가인 그는 수많은 단편과 수옥같은 희곡작품을 쓴 작가이면서 역사상 가장 성공한 의사 작가이다. 그런 그가 선배에게 보낸 젊은 날의 편지에는 이런 구절이 있다.

"…나는 내 직업이 하나가 아니고 두 개라고 생각하면 오히려 고무되고 만족스러운 느낌이 듭니다. 의학은 나의 법적인 아내고 문학은 내 애인입니다. 나에게 두 마리 토끼를 쫓는 짓일랑 그만두고 하나에 집념하라지만 성실하고 부지런하고 날쌘 사냥개라면 성공할 수도 있지 않겠습니까. …"

존경해 마지않는 착한 의사 최청원 선생이 훌륭한 내과의사로 여일하게 주위에 인술을 베풀면서 한편으로는 의료 선교나 글쓰기 문학에도 더 많은 관심을 가져주기를 진심으로 바라면서 몇 자 책 추천의 글을 마친다.

작가의 말

〈LA Times〉에 며칠간 일면에 대서특필된 고발 기사가 있었다. 무지와 고난 속에서 가난을 노동으로 연명하던 멕시코 샌퀸틴 농장 농부들이 그들의 의견을 내었던 것이다. 몇 주간의 파업으로 일당 8불씩 받던 것이 12불로 인상되었다. 20년 만에 처음 있었던 조그마한 혁명의 결과이다.(주 7일 60불로 5,6명의 가족생계를 꾸려나가기엔 너무 힘들었을 것이다.) 그들의 가난을, 무지를, 착취당함을 주위에서는 방관만 하고 있을 때에 그들 자신이 눈을 뜨고 어둠속을 헤치고 나와 이룬 쾌거이다.

이 기사를 읽으면서 소리 없는 박수를 보냈다. 어둠속에서 가느다란 빛줄기가 보여지듯이 안도의 잔잔한 미소가 가슴에 인다.

십오육 년 전, 봉사단원의 가족들과 같이 그들의 생활 속에 들어간 적이 있었다. 가벼운 마음으로 왔던 소아과 의사 부인과, 우리 단체 CPA 부인이 그들의 처참한 생활 현장에서 울기 시작했다. “어떻게 인간을 이렇게 대우할 수가 있나요?" 그 당시 누가 더 많이 울었는지, 누구의 옷이 더 젖었는지는 기억이 나지 않는다. 그러나, 이런 아름나운 마음을 가졌던 사람들은 생생히 지금도 기억에 남아 있다. 이런 아름다운 일행들과 같이 어울릴 수 있었던 봉사의 시간을 가졌음에 늘 감사할 뿐이다.

생텍쥐페리는 "고통이나 상처를 외면하고 무감각해 하거나 평화롭게 살기 위해 가슴속의 충동을 외면하며 살아가는 사람을 나는 경멸한다."고 말했다. 지난 16년간은 외롭고, 육체적으로는 힘들어서 솔직히 봉사를 가기가 싫었던 적도 꽤 있었다. 그때마다 나를 떠밀어 보낸 두 은사의 말씀을 떠올렸다. 이 말씀들이 나를 떠밀어 보내곤 했다.

어려울 때 미국 생활에서 후견인 역할을 해준 직장 보스 겸 의무담당과장인 닥터 더히티의 말. "그간의 호의를 나에게 되돌려 주려고 하지마라. 단지, 언젠가 인턴 당시의 너와 같이 어려움에 처한 사람을 보면 손을 내밀어 주어라. 그것이 나에 대한 되돌림이다."이었고, 또 한 분은 한국에서 자라면서 많은 사랑을 받았고 의과대학 은사이며 이모부인 우태하 선생님의 삶에 대한 충고와 그분의 일생의 발자취였던 것이다. 나는 그분을 나의 롤 모델로 삼았다. 지금도 그분의 충고의 말씀이 내 마음속에 남아 있는데 바로 "진리, 정의에 용감하거라. 네가 옳다고 생각하면 행동하라. 꼭 나중 결과에 의심을 두지 말고. 불이익을 당하더라도, 주위의 경솔한 비판과 눈총에 마음에 두지마라. 정직하고 담대히 나아가라.”는 말씀이다.

이 두 분의 말씀이 먼 길 떠나는 자동차의 연료가 되었고 나침판이 되었다.

귀한 추천사를 써주신 마종기 선배님 그리고 바쁜 시간을 쪼개어 작품해설을 맡아주신 김성곤 교수님께 감사를 드립니다.

밤하늘의 떠있는 별들을 우러러보며 다닌 16년 나의 행복했던 시간의 뒷전에는 휴가다운 휴가 한 번 가지 못하고 뒤에 남아 모든 뒷바라지를 묵묵히 지켜온 아내의 희생이 있었음도 잊으면 안 될 것이다. 그동안의 벅찬 감정들을 글로 표현하여 칼럼과 수필로 신문에 실린 작품들이다.(사진들은 매번 물품 등등 후원해주시는 이웃 여러분들에게 그 물품들이 손에서 손으로 직접 전달되었음을 보고하며 매번 보여 주느라 촬영한 자료들이다.)

그동안 책을 출판하도록 격려해 주시고 수고를 아끼지 않으신 이승희 시인님께 감사를 드린다.

2015년 여름

최청원

| 차례 |

마종기 추천의 말씀 …… 5

작가의 말 …… 9

김성곤 최청원의 작품 해설 …… 231

Chapter 1

샌퀸틴의 해변에서

낚시터에서 만난 좋은 친구들 …… 16

마음속의 별 …… 26

나눔의 확인 …… 31

가벼운 마음 무거워진 몸 …… 35

잊기 쉬운 감사의 마음 …… 38

너무 많거나 비싼 것을 주는 죄(?)의 대가 …… 42

가난한 사람들 …… 46

영원히 여성적인 것이 우리를 구원한다 …… 50

칼멘을 위한 기도 …… 55

오래 기억에 남을 아름다운 사람들 …… 74

티화나에서 만난 경찰 …… 84

우리를 너무 너무 무시해요 …… 88
12년간의 우정 …… 92
로페즈와 전도 …… 96
호세와 추수감사절 …… 99
후회 속의 만남 …… 105
분노와 용서 …… 109
감사하는 마음 …… 113
왜 내게만 궂은일을? …… 117
30년 지속된 어느 감사의 마음 …… 123
고 이수연 회원의 명복을 빌며 …… 127
크고 작은 수난 속에서도 의료봉사의 보람 …… 134
다음 주자를 기다리며 …… 143

Chapter 2

사랑의 징검다리

고무신과 내리사랑 …… 148
사랑은 짜장면을 먹는 것과 같은 …… 153
G-선상의 아리아 …… 156
붉은 장미, 달콤한 초콜릿 그리고 두부 …… 159
적막했던 어느 장례식에서 …… 163
윤동주 시인이 주는 교훈 …… 167
윤동주와 별 …… 171
야구 예찬 …… 174
봉선화 꽃잎 물들이기와 뇌수술 …… 178
한 젊은 화가의 마지막 정열 …… 181
불지 않으면 바람이 아니다 …… 190
다가오는 마리화나 혁명 …… 194
되로 주고 말로 받다 …… 197
개가 주는 작은 행복 …… 200
인술(仁術)과 인심(人心) …… 208
들꽃과 삶 …… 211
혼자만의 시간이 주는 선물 …… 214
진찰실 안의 두려움 …… 218
마리화나, 대마초 …… 221

Chapter 1

샌퀸틴의 해변에서

연세대학교 창립 129주년 의학대상 수상(봉사, 2014)

낚시터에서 만난 좋은 친구들

Mr. 리는 나보다 10년 연하이다. 건축 일을 한다는 그를 낚시터에서 알게 되었는데 주위에서 그를 고지식한 사람이라고 한다. 지나오면서 느낀 인상은 항간에 말하는 '정직은 외로운 섬, 진실은 젖지 않는 고독'이라는 말이 있듯이 그 정직과 진실이라는 표현이 딱 어울리는 사람이다.

지금으로부터 20년 전쯤으로 거슬러 올라간다. 내가 바다를 너무 좋아하는 것을 알고 그들이 나에게 정말로 바다다운 바다를 보여주겠다고 하여, 그들의 밴에 실려 따라간 곳이 로스앤젤레스에서 운전하여 8시간 걸리는 멕시코의 바하 캘리포니아 샌퀸틴이라는 바닷가였다.

정말 남가주 바다에서는 볼 수 없었던 사람의 손길이 안 닿은 자연 그대로의 긴 모래사장과 아름다운 푸르디푸른 바다, 끊임없이 흰 포말을 일으키며 달려오는 파도가 눈에 들어왔는데 대자연의 장엄함에 그저 감탄할 뿐이었다. 밤이 되니 캠프파이어 위로 쏟아지는 은하수의 별빛들과 빨갛게 달아오른 장작 불꽃들이 어우러져 하나의 웅장한 공간인 우주 속의 나의 존재를 새삼 느끼게 했다.

소년시절의 아득한 옛 추억들이 깊이 잠겨 있던 마음속에서 밀려나오고 다시 소년시절로 돌아간 듯한 잔잔한 흥분이 일었다. 이 느낌을 못 잊어 틈틈이 샌퀸틴을 찾았는데 이 늙은 몸이 소년과 같은 동심으로 돌아가 즐겁게 바다놀이에 열중한 아름다운 나날들이었다.

그곳에서의 낚시는 그 광활한 모래사장을 각자의 오토바이를 타고 이곳저곳 누비면서 파도 속에 낚싯대를 드리우면 되었다.

한번은 Mr. 리의 동서인 Mr. 김 그리고 나 3명이서 두 대의 큰 밴에 낚시장비와 오토바이를 싣고 그곳 바닷가에서 캠핑을 했다. 그런데 돌아오기 전날 Mr. 리가 자동차를 점검하는 중에 전기합선 스파크의 불꽃으로 인하여 브레이크 오일을 유통시키는 가느다란 알루미늄관이 녹아버리고 말았다. 물론 Mr. 리 자동차의 브레이크는 작동이 불가능했다. 상황이 매우 곤란해졌다. 우리 모두 그 다음날인 일요일에는 LA로 돌아와 월요일부터 근무를 하여야 했다.

지금으로부터 20여 년 전 그곳 샌퀸틴은 지금의 발전상에 비교하면 너무 엄청나게 차이가 있어, 일요일은 거의 모든 가게가 문을 닫았다. 자동차 정비가게는 말할 필요도 없었다. 따뜻한 마을 사람들의 배려로 그곳 기술자들이 고쳐보려고 애를 썼지만, 부속품인 브레이크 파이프 자체가 없으니 누군들 속수무책이었다.

그래서 Mr.리는 정비소가 문을 여는 월요일 아침에 부속품을 바꾸어 끼고 혼자서 오고, Mr.김과 나는 일요일에 떠나오기로 합의를 보았다. 예전에도 가끔 Mr.리 혼자서 이곳으로 낚시를 와서 밤에 도끼를 이불 밑에 깔고 자던 배짱과 전력이 있는 터라, 혼자 잘 처리할 것이라고 믿는 구석이 있었다.

막상 떠나오는 일요일 아침, 그를 남겨 두고 우리만 떠날 차비를 하고 있는데 Mr.리가 텅 빈 캠핑장이 허전했는지 자기도 같이 브레이크 없는 차를 운전하여 LA로 가겠단다. 그리고는 잽싸게 자기 짐을 꾸리기 시작하는 게 아닌가. 무섭지는 않지만, 텅 빈 캠핑장에 혼자 덩그러니 있는 것이 쓸쓸하고 외로워서 싫다는 것이었다.

우리는 입이 딱 벌어질 뿐이다. 돌아가는 길은 중간 중간 산을 넘어야 하고, 좁은 낭떠러지 길도 나오고 차도에 난간도 없어서 브레이크 없이 운전하다는 것은 상상할 수 없는 일이었기 때문이다.

나와 Mr.김이 달래도 보고, 화도 내면서 설득해 보았으나 그의 결정은 요지부동이었다. 그는 자기가 옳다고 생각하고, 한다고 하면 무슨 일이 있어도 관철시키는 고집불통의 밀어붙이는 기질이 있는 것을 너무 잘 알고들 있었다.

열심히 설득하던 Mr.김이 버럭 화를 냈다. 평소에 사려 깊고, 말수가 없고 남에게 싫은 소리나 흉 한 번 안보는 터라 우리가 부처님이라고 부르곤 했던 그가 화를 내는 것을 처음 보았다.

"최 선생, 지가 알아서 죽든지 말든지 맘대로 해보라고 놔두고, 우리는 예정대로 떠납시다."라며 자기 차 문을 열어준다.

그런데 막상 Mr.김의 차에 타려고 하니 브레이크 없이 가다가 사고가 나는 장면, 고통으로 일그러진 Mr.리의 얼굴 표정과 LA의 그의 가족, 어린 아들과 그의 부인 얼굴 등이 어른거리며 내 눈을 가린다. 나를 자기 차에 태워 이곳까지 데리고 온 사람의 위험을 모른 체 방관하고 다른 차로 바꿔 타고 돌아온다는 것 자체가 내 마음을 너무 불편하게 했다. 내 자신도 어떤 사람들같이 너무 이재에만 밝은 약삭빠른 처세를 택하는 것이 아닌가 하는 생각도 들었다. 그리고 만에 하나 운전 중 사고라도

일어난다면 내 양심의 짐을 일생 동안 지고 갈 것 같기도 했다.

"나는 그냥 Mr. 리 차에 타고 조수 역할을 해주면서 LA로 가겠다."고 Mr. 심에게 말했다. 이 고집쟁이 때문에 물은 엎질러진 것이고, Mr. 리가 육군 복무 시 중장비 운전병이었다는 경력이 생각나고, 나라도 옆에 앉아서 사이드 브레이크라도 잡아주고 몸의 중심을 잃을 때 조금이라도 도와준다면 좋은 결과가 나올 수 있을 것이라는 가능성과 믿음이 생겼던 것이다.

그래서 출발한 우리는 편안하지만은 않은 마음으로 조심조심 평지뿐인 샌퀸틴 시내까지 어찌어찌 빠져나왔다. 그런데 어떤 행운이 주어졌는지, 일요일의 기적인지, 마음을 올바르게 먹은 데 대한 하나님의 보상인지… 시내 한 곳 자동차 정비소가 열려 있었다.(10년 전 일요일에는 생각할 수도 없었던 일이다.) 우리는 그곳에서 차 브레이크를 고치고, 무사히 LA로 돌아 올 수 있었다.

그런 일이 있은 후부터 Mr. 리에게 의사라는 직업상의 특별한 분류로 분리되었는지 또는 자라온 환경이 달라서였는지, 거리감을 있는 최 선생님이라 불리던 호칭이 '형님'으로 바뀌었다. 그리고 내가 멕시코 의료봉사에 생기는 여러 일에 무례하고 무리한 부탁을 종종 해도 한 번도 거절 없이 다 처리해 주곤 했다. 정말 나는 위험을 하나도 지불하지 않아도 되었던 이 자동차 건이 좋은 인간관계를 맺는 근본적인 기초가 된 줄을 세월이 흐를수록 진하게 다가온다. 흔히 항간서 말하는 마음을 곱게 아니 진실 되게 쓰면 복이 온다는 진리를 새삼 실감한 사건이었다.

그 후 나는 그곳에서 낚시보다는 의료봉사의 시간을 보내게 되었다. 본격적인 봉사를 위해 〈바하 힐링 미션〉이라는 비영리 단체도 설립했다.

초창기에는 이들이 캠핑하는 곳에서 잠만 자고, 아침에는 일하러 가고 저녁에 돌아오곤 했다. Mr.리는 항상 나의 식사와 침구들을 챙겨주곤 했다. 바다낚시를 그렇게 좋아하는 내가 아침부터 일하러 가는 것이 너무 안쓰러웠는지, 나를 붙잡고 아침마다 얘기하곤 했다.

"이곳 원주민들은 가난에 찌들어, 아무리 도와줘도 고마움도 모르는 싸가지 없는 놈들인데, 고생하시지 말고 우리 낚시나 해요."

이런 8년의 세월 속에, 의료봉사를 같이 가기로 한 봉사자들이 사정이 생기는 바람에 떠나기 며칠 전에 취소하는 사람들이 종종 있다. 이런 때는 일손이 턱없이 모자란다.

언젠가 낚시하고 있는 Mr.리에게 처음으로 부탁을 했다. 딱 오후 한 나절만 농장에 와서 도와 달라. 일손이 너무 모자란다고…. 그 당시 그에게는 봉사의 마음은 하나도 없었던 것 같다. 다만 나의 간청에 못 이겨 참여하게 된 듯했다. 그 날 저녁, 노을이 붉게 물든 집단 농장 흙바닥 돌멩이에 주저앉아 지친 몸에 담배를 물고 있는 Mr.리를 보았다. 그의 옆을 지나가는 나에게 그가 말을 건넸다.

"사람이, 아니 인간이 살아가는 모양도 방법도 여러 가지가 있군요." 하면서 붉게 노을 진 하늘 위로 하염없이 담배연기를 내뿜었다. 그를 비추는 저녁노을빛이 점차 어둠에 싸여가는 풍경이 그지없이 평화로웠다. 그가 그 날 봉사하면서 자신도 모르는 사이에 이들에 대한 측은한 감정이 촉촉이 젖어 들었으리라.

그 후에도 우리 〈바하 힐링 미션〉의 의료봉사는 계속되었고, 그도 자주 의료봉사에 참여하였다. 같이 가기로 한 동료들이 떠나기 2~3일 앞두고 일들이 생겨 나 혼자 가게 된 적이 몇 번인가 있었다. Mr. 리는 혼자 떠나는 내가 안쓰럽고 불쌍해 보였던지 자기 직장, 아니 생활비를 벌어야 되는 형편을 마다하고 같이 가주었다. 피치 못할 사정으로 같이 못갈 경우는 "형님 죄송합니다."라고 전화한다.

한번은 1인 3역을 하는 내가 안쓰러웠는지, 도와주겠다며 환자들의 혈압이라도 재주겠다고 나섰다. 그런데 혈압이 재지지 않는다며 나를 불러댔다. 혈압기의 공기 압력대의 안과 바깥을 바꿔놓고 재는 통에 환자 팔뚝의 혈압대가 팽팽하게 바깥쪽으로 풍선처럼 부풀어 오르고 있었는데 왜 혈압이 재지지 않는지 모르겠다고 투덜거리는 것이 아닌가. 너무 우스워서 기념으로 주겠다고 가지고 있는 조그만 사진기로 그 장면을 찍었다. 겉으로는 내색하지는 않지만 도와주려고 애쓰는 그 자세, 그 마음이 무척이나 고마웠다.

Mr. 리는 요즘도 가끔 봉사에 참여하고 있다. 이제는 일생에 처음으로 교회도 나가기 시작했고, 교회에서 물품도 구입해 이들에게 나눠주기도 한다. 교회도 열심히 섬기고 있다.

그는 의료봉사에 참여할 때면, 한국 남자들의 보수적인 개념을 초월하여 우리가 기피하는 식사와 운전을 항상 도맡는다. 지난 2월에는 4명의 다른 의료 봉사자와 그도 같이 가게 되었다.

밸리의 '제니 미용실'의 제니는 혼자 모든 사람들의 머리를 깎고 감겨주는 일이 과중하기에 차마 음식 장만까지 부탁할 수가 없다. 그래서 만만하고 가까운 그에게 힘든 일을 부탁했다.

전에도 그러했듯이 그가 장을 봐 오고 취사도구도 챙겨 와서 우리들의 아홉 끼 식사는 물론, 멕시코 원주민 봉사자들이 먹을 음식까지 손수 다 요리해줘서, 우리는 고마운 마음으로 맛있게 먹었다. 우리가 설거지는 한 것 같다. 그는 요리에 일가견을 가지고 있어서 그전에도 이곳에 오면 여자 봉사팀에게 요리 강의를 하곤 했다. 우리들만이 봉사하는 것처럼 밖으로 보여졌지만, 사실은 이렇게 보이지 않는 곳에서 빛도 이름도 없이 궂은일을 하고, 우리들이 일할 수 있도록 뒤에서 받쳐주는 사람이 진정한 봉사자가 아닐까. 그동안의 많은 경험 속에서 숨은 봉사자들에게 항상 머리가 숙여진다.

부지런히 봉사하는 동안 일행 중 한 사람이 발을 동동 구른다. 어떤 아이는 컵라면 한 개를 다 먹고 슬쩍 다시 와서 하나를 더 받아간다며, 이들을 잡아내겠단다. 그때 Mr.리가 자기는 그렇게 생각 않는다고 했다. 그들은 그것이 더 필요해서 그러는 것이니 무조건 더 줘야 된다고 말한다. 이들의 대화를 옆에서 슬쩍 듣고 있는 나의 얼굴에는 잔잔한 미소가 번졌다.

'그간 많이 변했구나. 아주 좋은 방향으로….'

15년 전만 해도 원주민들을 '싸가지 없는 놈들' 운운했던 사람이 세월의 흐름 속에서 우리 미션의 궂은일을 다 도맡아서 하게 되고, 교회에도 나가며, 물품도 구해 나눠주는 변화를 보여주더니, 이제는 남에게 베푼다는 것, 어쩌면 성경에서 말하는 사랑이라는 단어, 조건 없이 무조건 준다는 개념을 몸소 터득하고 있구나…. 앞으로 얼마나 더 좋게 변하는지 지켜봐야겠구나. 의료봉사의 뒤편에는 참으로 많은 사람들의 희생과 사랑이 스며있다. 그런 아름다운 사랑들이 바로 봉사의 원동력인 것이다.

얼마 전에는 〈바하 힐링 미션〉의 자금이 1,000달러 이하가 된 적이 있었다. 8년간 일하면서 남이나 이웃에게 도네이션하라고 말한 적이 거의 없다. 내가 봉사한다고 남도 참여하고 도우라고 강요하고, 권유하는 것은 봉사의 자세가 아니라고 생각했기 때문이다.

지금으로부터 18년 전까지만 해도 밸리에서 개업하고 있는 3명의 젊은 의사그룹이었다. 닥터 이, 닥터 유, 닥터 김. 이들과 낚시를 같이 즐기고, 1년에 두 번씩 비행기를 타고 멕시코를 다니면서 사귀었고, 그들의 항상 명쾌하고 좋은 성품에 감탄하며, 개업도 잘하고 있다고 느끼고 있었다. 그 낚시터의 인연과 또한 그들의 좋은 성품을 생각하며 전화를 걸었다. 이들을 속으로는 믿고 있었던 것 같다.

"〈바하 힐링 미션〉의 자금이 조금 구차해졌다."고 말을 꺼내기만 했는데도 이들의 대답은 너무 간단명료했다. "그렇지 않아도 형님 생각을 했습니다. 당장 체크를 써서 보내겠습니다." 주어도 너무 기분 좋게 보내주었다.

낚시터에서 같이 어울렸던 이 좋은 친구들과 10년간 못했던 낚시를 조만간 다시 시작해 보고 싶다.

함석헌 선생이 쓴 〈그대는 그런 사람을 가졌는가?〉라는 글이 생각난다. 요즘처럼 근본적인 인간관계가 등한시되는 세상에 좋은 글인 것 같다. "만리길 나서면서 처자를 내맡기며 맘 놓고 갈만한 그 사람을 그대는 가졌는가? 탔던 배 꺼지는 시간, 구명조끼를 서로 양보하여 너만은 제발 살아다오 할 그 사람을 그대는 가졌는가? 잊지 못할 이 세상을 놓고 떠나려 할 때 '너 하나 있으니' 하고 빙긋이 웃고 눈을 감을 그런 사람을 그대는 가졌는가?"

그 후 Mr.리가 아주 힘든 병 진단을 받고, 앞으로 힘든 투병생활을 하게 되었다. 많은 고난이 뒤따를 것이다. 낚시터에서 길러진 인내심과 극기로 잘 이겨나가리라 믿는다. 그리고 회복하여 그간 봉사현장에서 보여준 좋은 변화를 더 많이 보여주어 주위 사람들이 더욱 미소를 지을 수 있도록 해주기를 바라고 믿어본다.

마음속의 별

한밤중, 황 선생님 부부는 차 안에서 곤하게 잠에 떨어져 있다. 그렇지 않아도 좁은 멕시코의 차도가 공사 중으로 더욱 좁아져, 그 길을 달리기에는 차의 폭이 너무 넓었다. 캠퍼 트럭에 짐을 더 실으려고 새로 장착한 뒷바퀴가 두 개씩 겹쳐진 돌리 바퀴여서 도로 폭을 꽉 메웠다. 보통 차량의 한 배 반의 폭이니 그럴 수밖에 없다.

바깥쪽 바퀴가 포장도로 경계 비포장지역까지 걸친 상태에서 달리게 되니, 규칙적으로 드륵드륵 하는 소리가 난다. 적막 속에서 드륵드륵 하는 소리와 자동차 전광판의 빛, 그리고 별이 빛나는 창밖의 경관이 어우러져 차분한 기분이 된다. 깊은 적막 속의 이 소리가 멕시코 의료봉사의 기억들을 하나하나 되살려주는 물레방아 소리처럼 들려왔다. 돌고 도는 추억의 물레방아….

이웃에게 그저 그런 조그마한 한 의사가 "나도 봉사할 수 있다."는 자부심을 가지고 뛰어든 이 일(비록 보잘 것 없고, 큰 성과를 기대할 수도 없었던 일이었지만)에 많은 힘이 저절로 솟아났다.

그래서 그 시절 별빛 가득한 밤하늘을 조그마한 내 가슴에 품고 밤기차를 타고 달리듯 달릴 수 있었다.

11년 전 인구 2만 명의 바닷가 마을 바하 샌퀸틴 지역에서 유일한 내과의사로 근무하게 되었다. 이곳의 〈선한목자병원〉 원장은 매번 진료 수당을 주겠다고 제안했다. 그 제안에 나는 당당하게 그리고 당돌하게 말했다.

"내게 돈은 필요 없다. 현재 나는 돈보다 더 좋은 보상을 당신들로부터 받고 있다. 아름다운 바닷가, 은하수, 별 그리고 파란 바닷물처럼 외부에 노출 안 된 순수한 영혼을 가진 바닷가 사람들을 만나게 된 것은 큰 보상이다. 이것들로도 만족한다."

그때는 정말 별빛 가득한 밤하늘을 내 가슴에 가득 품은 기분이었다.

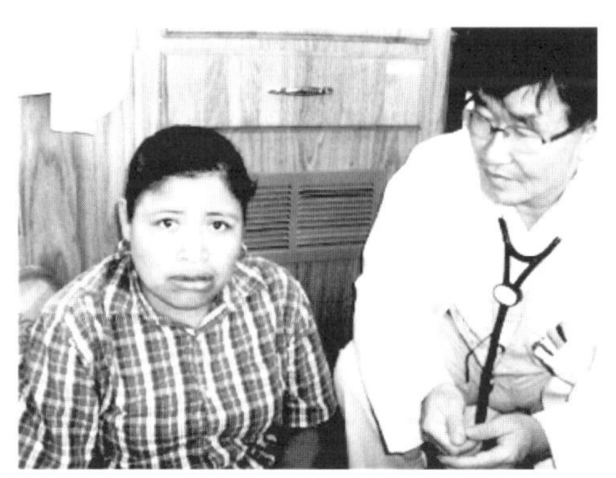

의료봉사를 계속하다 보니, 혼자서 8~9시간을 트럭을 몰고 가는 경우도 생겼다. 별빛을 받으며 달린 경우도 있었고, 별

빛도 없이 캄캄한 밤길을 정신없이 운전한 적도 있었다.

힘든 여정 속에도, 매번 동틀 즈음 혼자 바닷가에 나가 아침 산책을 하곤 했다. "지금 나는 이 바닷가를 산책하려고 왔지. 그러니 즐거운 휴가지. 일정이 힘들다고 불평해선 안 되지!" 바닷가를 걸으며 나 자신에게 다짐하며 위안과 평안을 가지곤 했다. 그렇게 평안해진 마음으로 밤늦게까지 힘든 일을 계속 할 수 있었다.

일에 지쳐 돌아오는 길에는 늘 별빛 가득한 밤하늘을 찾곤 했다. 조동진의 노래 〈행복한 사람〉 가사도 떠올린다. 그것이 힘든 여정의 피곤을 몰아내고, 별빛 가득한 하늘을 가슴에 채우는 순간들이었다. 피곤이 말끔히 사라지곤 했다.

황 선생님 부부는 옆에서 잠들어 있다. 떠나기 일주일 전 급하게 이번 일정에 동참해 주기를 부탁했을 때, 그의 바쁜 일정을 취소하고 쾌히 승낙했을 뿐 아니라, 영양제와 건강보조식품 100개와 침구를 준비하고 함께 해준 부부이다. 좋은 여행 동반자가 되어주셨다.

비좁은 골방에서 더위와 먼지에도 아랑곳하지 않고, 쉴 새 없이 한 사람 한 사람에게 정성껏 침을 놓아주었다. 그러니 아마도 몸이 무척 지쳤으리라. 황 선생님은 큰 차를 운전해본 경험도 없고 연세도 많으셔서, 나 혼자서 운전을 해야만 되는 상황이었다. 게다가 떠나기 전 내 안경이 부서지는 바람에, 할 수 없이 도수 있는 선글라스를 끼고 밤 운전을 해야만 했던 최악의 경우였다.

새벽 2~3시경에는 너무 졸음이 밀려와, 안전을 위해 두 번 차를 도로 갓길에 세워놓고 10분, 20분 단잠을 자고 다시 운전했다. 무려 13시간을 차 안에서 보낸 날이었다.

우리 세 사람이 새벽 5시경 LA에 돌아와 주차장에 내린 순간, 별빛은 이미 사라지고 없었다. 어느 시인은 말했다. "지상에서 사람들이 눈을 감는 날 우리는 절대적인 어둠에 비쳐지는 것이야. 어둠의 별의 빛이 더 빛나는 몸뚱이를 만들어 주지. 우리는 누구나 그렇게 별이 되는 거야."

우리가 밤길을 달리는 동안, 우주의 어떤 사람의 별이 우리를 비춰주었으리라. 힘든 운전으로 기억된 여정이었지만, 나 자신을 단련하는 좋은 체험이기도 했다. 어느 성자가 충고해준 구절을 다

시 떠올리며 생각해본다.

"선한 일을 하고자 하는 사람은 자신이 선한 일을 베푼다고 해서 사기가 가는 길에 그들이 놓인 돌을 치워 주리라고 기대해서는 안 되며, 오히려 사람들이 자기가 가는 길에 돌을 굴려다 놓으리라고 생각해야 한다. 그것을 일종의 숙명으로 각오해야 한다. 이러한 시련을 체험함으로써 내면적으로 정화되고, 강화된 힘이 이들을 극복할 수 있다. 이런 시련들에 대해 반항만 한다면 힘은 고갈되고 말 것이다."

언제나 좋은 교훈이 되고, 힘이 되는 말씀이다.

점점 체력은 긴 여정을 감당하기 힘들어지고 있다. 이 일을 중단하면 그곳의 찬란한 별을 못 보게 될 것이다. 그러나 그만 둔 후에도 그 찬란한 별들이 내 가슴에 항상 빛나며 담겨져 있기를 바래본다.

나눔의 확인

현대는 나눔의 사회가 되어야 한다고 한다. 물질의 풍요를 누리면서도 자아상실로 인한 실존의 문제에 직면한 우리는 이웃과의 나눔을 통해 이웃의 존재를 느끼고 삶의 가치와 긍지를 갖게 되면서 자기 존재도 확인할 수 있게 된다. 그 실천의 한 방식이 기부와 봉사다.

멕시코로 의료봉사를 떠나는 우리 〈바하 힐링 미션〉 봉사단은 너그러운 이웃들이 모아준 돈과 물건을, 거기에 담긴 마음까지를 정확하게 전달하는 심부름꾼의 역할에 최선을 다하려고 늘 노력한다.

이웃들이 기증해준 400개의 컵라면을 그냥 주지 않고, 수질 나쁜 현지 수돗물 대신 식수를 사서 끓여 부은 후 먹기 좋을 만큼 식었을 때 포크까지 꽂아서 손에서 손으로 건네주는 따뜻한 마음까지를 전하고 싶어서이다.

이런 노력이 언제나 쉬운 것만은 아니다. 밸리의 연로하신 한 목사님이 땀 흘려 구해 기증하신 새 구두 한 무더기를 가지고 간 적이 있었다. 봉사자 일행의 일손이 너무 딸려 농장 노동자들에게 맞는 사이즈를 찾아 나눠 줄 시간이 없었다. 다음에 나누어 주겠다고 하자 동행했던 선배의사가 자신이 짬이 좀 난다고 했다. 직접 확인하고 나눠주라고 당부한 후 구두들을 내주었다.

그런데 10분도 채 안 되어 돌아온 것이 아닌가. 가다가 소셜워커 4명을 만나 노동자들에게 나눠주라고 전하고 왔다는 것이었다. 그들은 현지에서 노동자들의 애로사항을 농장주에게 전달해 주고 봉급을 받는 사람들이었다. 그곳 사정에 익숙하지 않아 "믿을만한 사람들 아니냐?"고 반문하는 그에게 당장 가서 찾아오라고 했다. 어리둥절하며 구두를 찾으러 갔던 그는 빈손으로 돌아와 난감한 표정으로 말했다.

"닥터 최, 자네 말이 맞았어. 그 4명이 벌써 다 나눠 가져 가버렸네."

최근에 기증받아 차에 싣고 갔던 2대의 전동 휠체어 중 한 대는

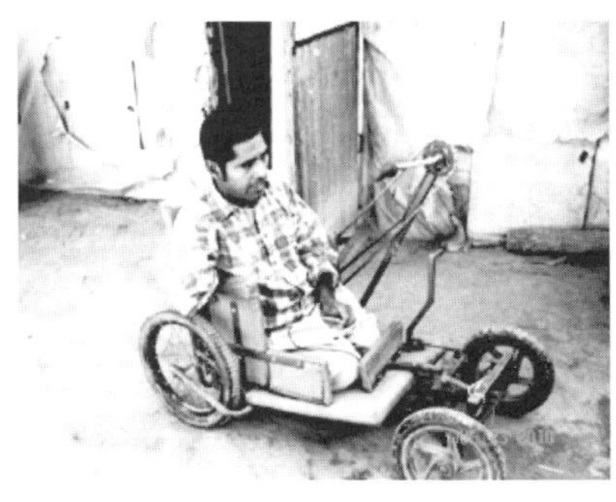

현지 수술의사의 소개로 캐나다 출신 봉사자를 통해 환자에게 전해 주기로 되어 있었다. 백인인 두 명의 봉사자는 상당히 선한 외모로 성실해 보였다. 휠체어만 받아가려는 그들에게 우리 단체 규정상 우리가 직접 환자를 보고 전달해야 한다고 설명했다.

그들의 안내로 찾아간 환자의 방 입구에는 이미 전동 휠체어가 2대나 놓여있었다. 놀란 우리에게 봉사자들은 한 대는 실내용이고, 한 대는 외출용이라고 설명했다. 그럼 우리 것은 회장실용이란 말인가. 왜 환자 1명에게 3대의 휠체어가 필요하단 말인가.

분노를 간신히 누르고 그들에게 말했다. "우리 것은 너무 가난하고 사회에서 소외되어 있어 이 휠체어가 그들 일생의 처음이자 마지막 발이 될 수 있는 사람들에게 전해 주어야겠습니다."

우리의 뜻을 이해했는지 알 수 없는 그들 '봉사자'에게 "신의 가호를"이라는 인사를 남기고 떠나는 우리의 마음은 쓸쓸했다.

병들고 가난한 사람들을 찾아 13년이라는 세월의 산을 오르다보니 이제는 점점 숨이 차오르는 것을 느낀다. 피로가 엄습해 오기도 한다. 그러나 오를수록 시야는 점점 넓어지고 있다.

젊은 사람들에게 이 경험을 전하고 싶다. "봉사는 젊을 때부터 시작하라. 그래야 숨이 차오기 전에 넓은 시야를 가질 수 있다." 그렇게 하지 못한 것이 나의 실수였음을 요즘 아프게 깨닫고 있다.

가벼운 마음
무거워진 몸

티화나에서 미국 입국을 기다리는 차량은 끝이 없다. 4시간의 대기, 기다림이 지루하지만은 않은 것은 금년 추수감사절 일정이 조금 색다르기 때문이다. 하나는 찬바람에 황토 흙이 휘날리는 허허벌판에서 추수한 농작물을 고스란히 농장 주인에게 넘겨주고 터지고, 거칠어진 빈손으로 돌아가는 그들을 위로해 주는 것이고 또 하나는 호기심이었다. 미국 국경 수비대의 새 반응을 보고 싶은 것이다. 지난번 의료봉사를 마치고 돌아오는 우리에게 마약 딜러를 취조하듯이 강압적이던 그들이 내 여권에 기록된 전과(?) 기록을 읽고 어떻게 반응을 할까 궁금한 것이다.

지난 번 3시간에 걸쳐 샅샅이 뒤진 검색보다 더 심할까? 아니면 결백한 내과의사라고 확인되었으니 호의적일까? 이런저런 추측을 하고 있는 중에 여권을 건네받은 검열관이 모니터에 뜬 기록을 다

읽고 묻는다. "이번에는 약품들을 얼마나 가지고 왔느냐?"는 질문에 "지난번 너희들이 나에게 너무 힘든 시간을 주어서 약장의 약들을 다 빼서 멕시코의 창고에 처박아놓고 왔다."라고 대답하고 그들을 캠퍼차 안으로 안내하면서, "전쟁터에 나가는 군인에게 총을 다 빼앗아 버리면 그런 군인도 군인이라고 생각하는가? 일전에 현지 창고에 보관한 약품들을 모두 도둑맞은 것을 너희들은 상상도 못하지?"라는 나의 푸념에 검열관은 검색을 중단하고 미소를 띠며 잘 돌아가란다. 북한에 김정은은 잘 있는지 농담까지 건넨다.

큰 캠퍼가 별다른 조사를 받지 않은 것도 몇 년 만에 처음 있는 일이다. 지난번의 시련(?) 전과 기록(?)이 이제는 전화위복이 된 셈이다. 내과의사라는 것도, 또한 KOREAN이라는 것도 그들이 알아두었으니 전과자가 별 몇 개(감방에 몇 번 들어갔는지를 나타내는 숫자)를 자랑스럽게 다른 전과자에게 뽐내는 기분을 알 것 같았다.

멕시코 국경을 들어 갈 때에도 마음이 무거웠다. 한 차 안에 200벌의 의류와 100켤레의 구두, 400개의 라면과 약품들, 휠체어 등등은 멕시코 티화나 경찰의 큰 검문 및 제지 대상들이다. 멕시코 청년 검열관의 검열 무마용으로 붙여놓은 1998년부터 의료 봉사한 사진들을 보면서 그 전에도 이 사진들을 보았다며 검색은 하지 않고 미소를 띠며 안녕히 가시라고 정중히 인사까지 한다.

무거웠던 마음이 미국으로 돌아오는 순간은 항상 가벼워진다. 적어도 검열대상의 옷, 구두, 그리고 진통제 등의 의약품이 여전히 샌퀸틴 열악한 원주민들에게는 통증과 고통을 조금은 가볍게 해주리라는 흐뭇함 때문이리라. 마음은 항상 가벼워지는데 몸은 점점 더 무거워지고 있다. 무거운 물품들, 10시간씩의 긴 운전, 피로와 책임감의 짐이 몸을 짓누르곤 한다. 근육과 관절이 더 아파온다. 아니, 무릎은 크게 비명을 지른다. '아비삭'도 해결해 줄 수 없는 세월의 강에 건강도 같이 흐른다. 마음의 관절은 아직도 괜찮은데….

이 세월 속에서 그들에게 우리가 크게 기여해 준 것은 없었지만, 그들의 어두운 가난의 터널 끝의 희미한 불빛이 보이기 시작한다. 세월이 해결해 주고 있는 것이다.

잊기 쉬운 감사의 마음

곧 추수감사절이다. 우리 주변에는 추수 외에도 감사할 일들이 많이 있으나 못 느끼고 지내는 경우가 허다하다. 작년에 서울을 잠시 방문 했을 때 도시 전체를 감싸버린 황사가 가슴을 답답하게 했다. 속수무책의 암담한 마음으로 거리를 걸을 뿐 해결할 길이 없었다.

다시 LA에 발걸음을 내딛는 순간, 파아란 하늘 아래 나뭇가지 새로 뚫고 들어오는 눈부신 빛들의 향연과 갖가지 꽃들의 아름다운 빛깔, 싱그런 바람으로 내 가슴에 안겨왔다. 새삼 우리 삶 속에 잊고 있었던 자연의 은혜에 감사를 드리지 않을 수 없었다.

자연은 원시 그대로 보존된 멕시코 오지의 해변가 마을에 중학생인 아들을 데리고 4일간 텐트를 치고 머문 적이 있었다. 같은 또래의 그곳 원주민 아이들과 아들은 쉽게 어울렸다. 가지고 간 롤리팝(LOLLI POP) 하나에도 감사히 받는 그들…. 흐트러진 머리, 찢어진 운동화, 남루한 옷차림, 그리고 처참한 주거 환경 속의 그들이었지만 동심은 쉽게 격 없이 어우러져 바닷가를 빛내었다. 빈 조개껍질로 놀이도 하고 조개, 게를 잡으며, 모래로 집을 짓기도 하며 아이들은 무한한 공간과 시간 이 펼쳐진 바닷가에서소리치고 물새를 쫓는 등 천방지축 뛰어 놀았다.

Fred가 원주민 소년들에게 야구를 가르쳐 주고 있다. 이 원주민 소년들은 우리와 야구를 하기 위해 3마일을 걸어서 왔다.

그들과 작별을 나누고 돌아오는 어두운 차 안에서 아들이 자기의 공부방을 이들과 같이 나누어 갖고 싶다고 했다.

"너와 그들의 다른 점은 무엇이지?" 나의 물음에 머뭇거리며 말 못하는 아들에게 나의 자문자답이 이어졌다. "이유는 딱 하나, 너의 노력이나 너의 잘난 것은 하나도 없다. 단지 이들은 멕시코 오지에서 태어났고 너는 미국에서 태어난 것뿐…. 이런 은혜를 거저 받았으니 주어진 것에 앞으로는 감사

해야지….”

어둠 속을 달리는 차 안에서 우리는 긴 침묵이 이어졌다. 이 때 아들이 느낀 감사의 마음이 일생동안 그의 가슴에 남았으면 좋겠으나 이런 감사의 마음은 평균 2~3개월 지속되고 그 후는 서서히 사라지기 마련이다.

헐벗은 그곳의 원주민처럼 먹지도 씻지도 못한 채, 허름한 옷을 입고 쓰러진 사람을 누가 집으로 데려 갔다고 한다. 따뜻한 밥을 한 그릇 주니, “아, 이게 밥이라는 겁니까? 감사합니다.”라고 말한 그는 그 밥을 먹지도 못하고 숨을 거두었다. 그런데 그 얼굴은 한없이 평화롭게 보였다. 감사하는 마음이 찾아준 평안이다. 가난하고 비천하지만 감사할 줄 아는 영혼과 자신들만의 화려한 성에 앉아 천국과 극락의 복을 더 달라고 청하는 사람. 당신이 신이라면 누구의 손을 잡을 것인가?

히말라야 등산하던 어느 등산가는 동반하여 짐 지고 가는 노새를 보고 울었다고 한다. 묵묵히 터벅터벅 산등성이를 오르는 노새의 모습 속에서 어머님의 얼굴이 떠올랐다는 것이다. 왜 평소에는 울지 않았을까? 왜 일상생활에서는 감사를 느끼지 못했을까? 내리사랑이라는 명분으로, 모두 한 길을 가는 우리의 목마른 삶 속에서 감사를 잊고 있는 내 자신도 되돌아보게 된다. 오랜 세월 내과 주치의로서 일하며 환자들의 임종을 지키게 되는 경우가 종종 겪는다.

생명연장의 인간본능 속에서 좀 더 멀리 좀 더 오래하며 아쉬움 속에 마지막 순간을 맞는 것을 본다. 광활한 공간과 시간의 우주에서 그중 생물이 살기에 흡족한, 풍요로운 지구에서 일정 기간 동안 살 수 있는 특혜를 주신 하나님께 진정으로 이에 감사를 드릴 수 있다면 우리의 마음엔 평안이 오고 아쉬움 없이 이 세상을 떠날 수도 있을 것 같다. 이는 감사하는 마음의 선물일 것이다.

가을이다. 욕망의 계절들을 반성하며 순결한 자기 자신으로 돌아갈 정신적 재고 정리가 필요하다. 감사하는 감정을 되살려 보는 것이 인생을 풍요롭게 하고 삶의 가장 큰 에너지가 된다는 소중한 진리를 되새겨보는 이번 추수감사절이 되었으면 좋겠다.

너무 많거나 비싼 것을 주는 죄(?)의 대가

15년간을 멕시코 바하 의료봉사를 위해 싣고 가는 짐들이었지만 국경통과가 무척이나 힘들었다. 부패한 멕시코 바하 티와나 국경 검문소에서는 우리 차에 실린 전동 휠체어와 200켤레의 신발, 구두가 너무 많고 비싼 것이라 300불의 세금을 지불하고서 입국하란다. 흥정 끝에 100불의 세금을 지불하고 아니, 착취당하고 바하 샌퀸틴으로 향했다. 국경을 통과하면서 그 돈이면 200그릇의 컵라면을 더 끓여 먹일 수 있는 것을…. 그들은 이 돈으로 무엇을 할까? 그리고 그들은 정녕 헐벗고 굶주린 맨발의 아이들을 본 적도 없었을까? 의아히 생각하며 바쁜 일정의 걸음을 옮겼다.

일정을 다 마치고 운전 8시간 만에 도착한 샌디에고 미국 국경 수비대와 세관의 검열 역시 늘 마음에 부담을 준다. 우리를 담당한 2차 검열관은 아주 젊고 히스테릭한 깡마른 백인이었다. 권총과 탄알들을 몸에 둘러 어깨에 힘이라도 들어갔는지, 당돌하게 위협적으로 커다란 마약사범을 다루듯이 했다. 그 이유는 약품을 가지고 왔다는 것이다. 왜 많은 항생제(Amoxicillin)가 약장에 있냐는 것이다. 아마도 치료약과 마약도 구별을 못하는 것인지…? 우리에게서 쥐약을 찾으면 "댁의 쥐가 많이 아픈가요?" 하고 반문할 만한 그런 속이 꽉 막힌 경찰관 아니, 한 젊은 백인 청년으로 생각되어졌다.

환자 진찰실로 꾸며진 Camper(캠퍼) 안의 여러 종류의 모든 진료용 약들을 다 뒤집어 까놓고 압수하고 우리를 조서실로 끌고 갔다. 조서작성은 새벽 3시부터 6시까지 계속되었다. 약품을 가지고 왔기 때문에 이 Camper와 우리를 억류해 버릴 수도 있다고 협박까지 했다. 하도 어처구니가 없어 헛웃음이 나왔다. 그러나 이에 대해서도 대처할 길을 모색해야겠다 싶어 옆에 앉아 같이 곤욕을 치르고 있는 한의사에게 대처 방법을 글로써 전해 주고, 모든 것이 녹음되어지는 이 조서실에서 녹음이 되게 큰소리로 말하기 시작했다.

나중의 증거를 위하여 그곳 상관(중년의 백인 경찰)에게 커다란 목소리로 항의를 했다. "나는 선량한 미국 시민이다. 게다가 나는 내 자신이 자랑스런 미국 시민이라고 생각하는데 너희 경찰이 취조, 조사가 필요하다는 것은 인정하지만 취조 과정이 아주 잘못되었다. 선량한 미국 시민에게 죄인 취급하며 이 과정 하나하나를 우리에게 말해 주지도 않고 수갑 찬 사람과 총을 든 경찰들이 들락날락 하는 방에

놔둔 채로 몇 시간을 방치했다. 이런 경험은 일생에 처음 겪는 일이라 심리적으로 불안해지고 스트레스가 쌓여 지금 정신적으로 불안공포증이 생겼다. 그리고 이 차는 내 개인 차도 아니고, 비영리사선단체로 등록된 차다."

내 이야기를 듣고 그는 자기 부하가 정말 우리에게 설명을 안 했느냐고 되물었다. "그렇다. 하나도 하지 않았다."라고 잘 녹음되도록 큰 소리로 말했다.

그는 섬뜩해 하며 방에서 나가 버렸고 얼마 후, 그 젊은 검사관이 다시 들어와서는 아주 큰 자비를 베풀듯이 억류하지 않고 차도 같이 석방할 테니 까뒤집어 꺼내어 압수했던 진료 약품들을 정리하고 떠나가란다. 그가 철대문을 열고 우리 차의 통과시키기 위해 서 있는 동안, '앞으로 좀 더 그는 그의 직무를 아니, 어쩌면 그의 인생 자체를 좀 더 깊게 생각하며 이해도 하며 살아 보아라.' 하고 생각하며 빤히 그를 뚫어지게 쳐다만 보았다. 그곳에서 나온 새벽의 찬 아침공기는 밤을 새운 몸과 마음을 상쾌하게 한다. 하나님의 세상과 현실의 세상은 다르다는 것, 가이사의 것은 가이사에게 바치라는 말씀을 항상 새기고 있다. 이를 인정해도 100% 다 이행하기에는 너무나도 힘든 과정들이다.

어느 성자가 한 말을 힘든 여정이 생길 때마다 새겨보곤 했다.

"선한 일을 하고자 하는 사람은 자신이 선한 일을 한다고 해서 주위 사람들이 자기가 가는 길에 놓인 돌을 그들이 치워 주리라고 기대해서는 안 되며, 오히려 자기가 가는 길에 그들이 돌을 굴려다 놓으리라고 각오해야 된다. 일종의 숙명으로 여기 이런 시련을 체험함으로써 내면으로 정화되고 강화된 힘만이 이를 극복할 수 있다. 이런 시련에 반항만 한다면 힘은 고갈되고 말 것이다."

이런 다짐이 없었다면 지난 15년간을 버틸 수 없었을 것이다.

가난한 사람들

의료봉사 일정을 마치고 돌아오는 차안의 10시간은 길고 무료하다. 그러나 한편 봉사단 일행에겐 서로 가까이서 깊은 생각과 느낌을 깊게 나눌 수 있는 대화의 공간이 되곤 한다.

지난달 말 봉사 후 돌아오는 차안에서 일행들이 가장 인상 깊었던 일로 집단농장의 한 사건을 꼽았다. 우리가 가져간 의류, 생활필수품, 신발, 장난감 등등을 좌판에 펼쳐놓고 줄서서 기다리는 주민들에게 순서대로 나누어 주던 현장이었다. 처음엔 차례차례 진행되었다. 그러나 물건이 3분의 1정도 남았을 때 주민들의 대기 줄이 갑자기 흔들렸다. 400여 명의 군중들이 순식간에 줄선 순서를 파괴하고 거의 폭도의 수준으로 우리를 밀어 제치고 제각기 물건들을 몽땅 다 가지고 가 버려 한순간에 좌판은 텅 비어 버리고 말았다. 일행들은 그때 느꼈던 공포와 경악이 가장 기억으로 남을 것이라고 한다. 그러면서 내게 물었다.

"어쩌면 닥터 최는 별로 놀래는 표정 없이 담담히 보고만 있을 수가 있었나요? 정말 이해가 안 되네요."

그럴 만 했을 것이다. 햇볕에 그을린 시커먼 얼굴, 텁수룩한 수염, 황토 흙바람에 충혈된 눈, 남루한 옷차림, 험상궂은 모습의 그들이 터진 흙손을 내밀며 밀려올 때 놀라고 공포감도 생길 수도 있을 것이다. 특히 처음 겪어 본 사람들에겐 충격이 강할 수도 있겠다. 오랜 기간 보아온 나의 느낌과 의견을 말했다.

"좌판에 펼쳐진 생활필수품은 그들에겐 꼭 필요한 물품들인데 자기 차례를 기다리다가는 곧 눈앞에서 사라지고 맨발의 아이에게 줄 구두도 옷도 없이 빈손으로 돌아가게 될 것 같아 단 한 개라도 손에 쥐어야겠다는 욕구가 너무 강해 그 갈망의 물결이 앞에서 밀려가고 있고 뒤에서도 계속 밀려오고 있는 파도의 물결이

되어 질서라는 것에 부딪쳐서 질서가 깨어져버린 것 뿐 이것은 폭력이 내포된 적의도 아니요, 분노의 표출도 아닙니다. 그러니 우리의 안선을 걱정할 일은 아니지요. 그보다 절실하게 느꼈던 것은 그들의 무서운 가난과 생활의 각박함 속의 측은함입니다. 우리에겐 그들의 가난함을 해결할 능력은 없지만 그들의 가난을 이해하는 따듯한 마음을 갖고 싶다."

그리고 차안의 일행들에게 파블로 네루다의 시 〈죽은 가난한 사람에게〉라는 시를 소개했다.

오늘 우리는 우리의 가난한 사람을 묻는다. 그는 너무도 어렵게 지낸 나머지 그가 사람으로서 인격을 지니기는 이번이 처음이다. 그는 집도 땅도 없었으며 알파벳도 이불도 없었으며 그리하여 여기저기로 노상 옮겨 다녔고 생활의 결핍으로 죽어갔다. 죽어갔다. 조금씩 조금씩… 이게 그가 태어나면서부터 살아온 삶이다.

미개지를 갈아엎고 돌을 골라내고 야채를 거두고 땅에 물을 주고 유황을 갈아 가루로 만들고 땔나무를 운반했다면 그리고 이렇게 무거운 사람이 구두가 없었다면… 아, 비참하다. 이 힘줄과 근육이 완전히 분리된 인간이 사는 동안 정의를 누린 적이 없다면, 그리고 모든 사람이 그를 넘어뜨리고 그런데도 노동을 계속했고 이제 관에 든 그를 우리 어깨로 들어 올리고 있다면 이제 우리는 적어도 안다. 그가 얼마나 갖지 못했는가를 그가 지상에 살 때 우리가 그를 돕지 않았다는 것을 이제 우리는 안다. 우리가 주지 않았던 모든 걸 우리가 짊어지고 있음을 그리고 때가 늦었음을. 그는 우리에게 무게를 달고 우리는 그의 무게를 감당할 수 없다. 그는 이 세상이 하는 만치 무게를 단다. 그리고 우리는 계속 이 죽은 사람을 어깨에 메고 간다.

분명히 하늘은 빵을 풍부하게 구우시리라.

우리 일행 중 한사람이 차안에서 시의 전문을 낭송했다. 돌아오는 길은 지루한 긴 시간이지만 이 시의 구절 구절이 우리 가슴속에 와 닿을 수 있었다면 그래서 두려웠던 가난의 행위를 따듯한 마음으로 받아들일 수가 있게 된다면 이번 일정은 일행 모두에게 의료봉사 그 자체보다 더 깊은 의미와 가치를 줄 수 있을 것이라고 믿는다.

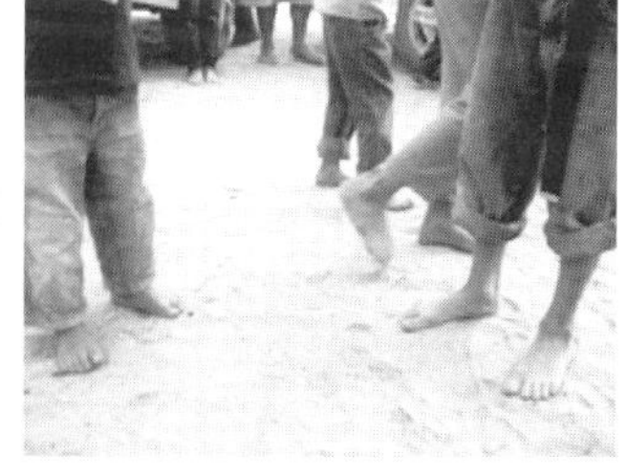

영원히 여성적인 것이 우리를 구원한다

지난 10월 23일, 환자를 진찰하는 중간 중간 TV의 산불 화재 중계를 눈 여겨보았는데, 샌디에이고 가는 길이 화염에 휩싸여 있고, 가까운 산타클라리타 지역도 연기가 가시지도 않고 있었다.

오늘밤만 지나면 우리 6명의 대원이 멕시코 봉사를 떠날 계획이었으나, TV 앞에 선 나의 마음은 착잡하기만 했다. 우리 주변이 힘들어지면 대원들의 안전과 사정을 우선적으로 생각하는 것이 순리일 것이다. 그런 것을 알면서도 어깨가 무거워진 채로 있는 것은 우리를 후원해 주는 여러 사람들의 성원과 기대에 대한 성실한 실천의 문제였다.

꼭 '눈도장'이나 몸이 참가해야만 되는 '몸도장'만이 봉사가 아니라며, 정성껏 봉사할 수 있도록 뒤에서 이렇게 도와주는 것도 진정한 봉사라는 말씀과 함께, 매번 신발, 모자, 어린이들의 장난감 등을 70

이 넘으셨으면서 손수 가지고 오시는 송영상 목사님, 소포로 항상 새 옷들만을 보내주면서 마음이 즐겁다는 스캇 윤씨, 가는 길에 점심 사먹으라면서 $50, $100을 사양하는 나에게 전해 주는 주위의 할머니들이 눈에 자꾸 어른거린다. 결국, 그날 밤 산불이 진화되고 있는 것을 뉴스로 확인하고서, 떠난다는 마음을 굳혔다.

가는 길 5번 프리웨이는 중간 중간이 차단되어, 산길을 돌아서 15번 프리웨이를 만나 이 길로 가게 되었다. 15번 프리웨이 양편은 까맣게 타버린 풀들과 불에 타서 앙상한 가지만 남은 나무들…. 그 주위는 아직도 회색의 연기가 모락모락 나고 있었다. 드문드문 빨간 화염의 불씨도 보였다. 쓸쓸한 허무감이다. 전쟁터의 심한 폭격 후의 들판을 종군 군의관으로서 느끼는 감정이 이런 것이 아닐까 생각해 본다.

현지에 도착하여 항상 하던 일상의 일들을 변함없이 하였다.

봉사 둘째 날은 조그마한 집단 농장의 각 가정을 방문하여 준비해 간 물품들을 필요한 만큼씩 전달하고, 이발과 환자 진찰을 했다. 그리고 항상 우리와 합류하여 전도하는 우리의 현지 멕시코 전도사 안토니오의 기도와 예배가 있었다.

'우리의 전도사'라는 호칭은 그가 정식 전도사는 아니지만 그의 깊은 신앙심과 전도에 대한 그의 정열을 느끼면서 우리들이 임의로 붙여준 호칭이다. 물론 그는 우리의 기대를 저버린 적이 없다. 저번에도 방문했던 프란시스코라는 불구의 젊은 청년이 기거하는 집, 아니 단칸방 방문도 잊지 않았다. 낡은 양철로 감싸여진 좁고 컴컴한 방 한 칸이 전부였다. 환기나 빛이 들어올 창문도 없었다.

양철 틈새로 들어오는 희미한 빛 속에서 혼자 무료히 널빤지 위 침상에 누워있던 그는 우리의 방문에 놀란 몸의 움츠러듦과 동시에 비명소리가 좁은 방안을 흔든다…. 이웃은 물론, 외부와의 접촉이 없었던 어둠 속의 그에게는 우리들이 외계의 침입자이고 괴물로 보였을 것이고 공포의 대상이었으리라. 피해버릴 도피처도 없어, 방구석에 쌓인 두 자루 사이의 공간을 찾아 얼굴만 파묻고 숨은 그는 뒷몸체는 노출되어 있는 채로 어깨를 들먹이며 흐느끼며 울고 있었다.

어둠속에서, 희미한 틈새의 빛 속에서 안토니오의 기도와 설교, 말씀봉독 마태복음 9장이 절절히 이어졌다. 좁은 공간 속에서 보고 있는 우리들, 이 청년의 어머님, 현지 농장의 몇몇 일꾼들 모두 다 측은한 마음이 이 불구청년을 위한 기원으로 이어 졌으리라.

이 청년 프란시스코는 뇌성마비로 태어났고, 미국의 환경이나 제도와는 달리 아무런 외부로부터 구제나 의료의 배려도 없이 오직 늙으신 부모에만 의존하여 살고 있었다. 열악한 환경과 찢어지는 가난 속에서 그의 어머님은 아들을 위해 모든 것을 걸머지고 고난과 슬픔의 삶을 이어가고 있었으리라….

현장에서, 우리들의 예배, 기도 중에도 울부짖는 청년의 흐느낌

속에서, 또한 안토니오 전도사의 목멘 목소리가 좁은 방안을 꽉 채우고 있었는데 나는 문득 이런 생각이 들었다.

'지금 이 순간이, 이 행위가 이 방에 있는 모든 사람들, 우리 일행, 농장 사람들, 그의 어머님에게는 참된 마음속에 전도가 되고 있으리라. 그러나 이런 행위들이 이 청년에게는 아무런 도움도 전도도 안 되고 있으리라. 아니 도리어 고통을 주는 것인지도 모른다.'

지금의 우리들만을 위한 전도는 중단하고 다른 것을 구하야겠다고 생각했다. 그때 문호 괴테의 〈파우스트〉에 나오는 마지막 구절 "영원히 여성적인 것이 우리를 구원한다."는 구절이 떠올랐다.

그 방안에 있던 모든 사람들에게 방안에서 나가줄 것을 권유하고, 같이 간 사비나 부부만 남아 여성적인 손길로 그를 어둠으로부터 밖의 밝은 곳으로 인도해 줄 것을 부탁했다. 나는 사비나 부부야말

방 한 구석 부대자루 사이에 숨어 웅크린 프란시스코에게 전도사가 성경을 들고 구절을 외치고 있다.

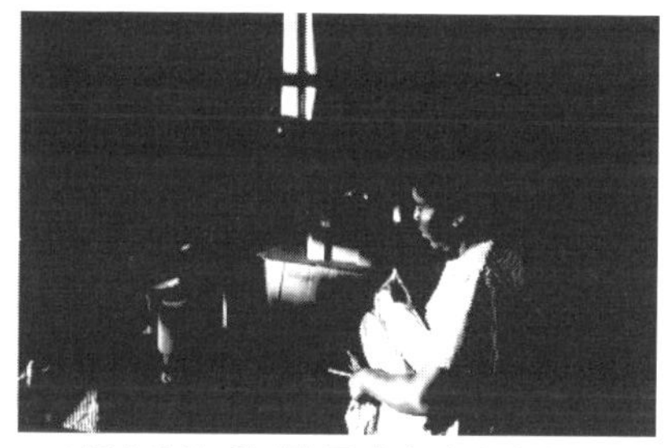

그 어두움속에서, 희미한 틈새의 빛 속에서 이 가족들에게 안토니오의 기도와 설교, 성경봉독, 마태복음 9장이 절절히 이어졌다.

사비나가 이 청년을 햇빛 찬란한 밖으로 인도하여 몸을 씻어 주었다. 이 광경을 본 어머니는 밝은 표정을 지었다. 멍에를 잠시나마 내려놓은 편안함이 이 표정 속에….

로 진심으로 이웃에게 자비를, 사랑을 기꺼이 베풀 줄 아는 진정한 믿음의 동료로 믿고 있었다.

결국 사비나의 손길이 프란시스코를 마당 밝은 햇살의 복판까지 인도하여, 양동이 안에서 옷 벗고 쭈그려 앉은 그의 몸 구석구석을 비누칠과 물로 씻어줄 수 있었다. 프란치스코는 사비나의 손길에서 어머님 같은 부드러움과 안도감을 느꼈으리라.

우리는 그의 어머님이 짊어진 자식에 대한 고통을 위로해 주고 싶었다. 가지고 간 물품, 의료품, 성경말씀 등을 전해 주면서, 김의갑 씨가 전해준 돈 100달러도 손에 꼭 쥐어주었다. 그 돈은 이 아들의 유일한 즐거움인 통닭을 먹는 데 쓰겠단다.

현지에 살고 있는 우리의 전도사 안토니오도 기회가 허락된다면, 다시 틈틈이 개인적으로 방문하고 싶단다. 이런 행위를 지켜본 주민들에게, 아니 우리 일행들까지도 이 행위 자체가 믿음의 증언이 되어, 진정한 전도가 되기를 바래본다. 믿음의 증언이라는 말, 즉 자신의 믿음을 알리되 말로 하는 것이 아니라 믿음대로 사는 모습을 보이고 나는 사라져야 한다는 진리를 다시 한 번 새겨보는 기회였을 것이다.

20세기의 성자 슈바이처 박사의 말을 전해본다.

"행동인으로든, 수난자로든 간에 우리는 우리의 모든 이성보다 더 높은 곳에 위치한 평화를 위해 헌신하고 있는 사람들의 힘이 진실로 느껴질 수 있도록 행동으로 증언해야 한다."

칼멘을 위한 기도

LA에서부터 승용차로 꼬박 9시간이 넘도록 달려야만 바하 캘리포니아 샌퀸틴에 도착할 수 있다. 내가 이곳에서의 의료봉사를 시작한 지 벌써 7년이나 되어간다.

매번 올 때마다 보는 해돋이지만 떠오르는 태양과 마주 설 때의 벅찬 감동은 언제나 새롭다. 인적 없는 광활한 모래밭, 끊임없이 밀려드는 파도, 어디가 하늘이고 어디가 바다인지 경계가 모호한 수평선, 그 위로 불끈 솟아오르는 태양을 바라보고 있노라면 가슴이 뜨거워지면서 새로운 힘을 얻는다.

어쩌면 이 힘이 나로 하여금 결코 쉽지 않은 멕시코 의료봉사를 계속할 수 있게 하는 원동력이 되는 것인지도 모른다.

싱그러운 바다 냄새를 맡으며 여느 때와 같이 나만의 아침 적막한 바닷가 산책을 즐겼다. 그런데 겨우 어둠이 걷힌 모래밭 저 멀리에 시커먼 물체가 보였다. 가까이 다가가보니 흑갈색의 커다란 물개였다. 아마도 한밤중 파도에 떠밀려와 해변에 누워있는 것 같았다. 인기척에도 불구하고 그냥 축 늘어져 있는 게 잠을 자는 것만도 아닌 듯 싶었다.

옆구리를 건드리자 힘에 겨운 듯 감았던 눈을 겨우 떠서 나를 쳐다보더니 아무 일도 없었다는 듯이 이내 눈을 감아 버린다. 몸의 여기저기를 살펴보아도 이상은 없었고, 물개 특유의 몸의 윤기도 아직 그대로 지니고 있었다. 혹시 먹지를 못해 기운이 없나 싶어 조개를 까서 입에 디밀어 주어도 아무 반응이 없다.

바다는 이제 썰물에서 밀물로 바뀌어 물이 점차 밀려오고 있다. 물개의 입이 물에 잠기자 물개는 급히 고개를 들어 물을 토해낸다. 물개의 입이 물에 잠기자 따라서 허파로 숨을 쉴 수가 없는 것이다. 아무리 둘러보아도 주변에는 아무도 없다. 물이 들어오는 속도만큼 물개가 푸우 푸우 하고 흰 거품을 토해내며 숨을 쉬는 소리도 다급하다.

바닷물에 몸이 잠기게 되자 물개는 사력을 다해 고개를 들어 올리며 몸부림을 쳤다. 한 생명이 물에 그냥 휩쓸려 가는 것을 그냥 두고 볼 수는 없었다. 손에 들고 있던 사진기를 주머니에 쑤셔 넣고 물개를 육지 쪽으로 끌어내보려고 안간힘을 썼으나 꿈쩍도 않는다.

나는 걸어왔던 모래사장을 거슬러 뛰어올라 갔다. 마침 숙소 앞 바닷가에서 혼자 낚시를 하고 있는 원주민 게르모를 만났다.

물개가 바닷물에 잠겨 죽어가는 상황을 설명하자, 언제나 도움이 필요하면 말없이 힘을 써주던 우직한 게르모는 곧 낚싯대를 던져놓고 내 뒤를 쫓아왔다. 내 힘만으로는 들어올릴 수가 없어서 힘센 게르모가 물개의 상체를, 내가 하체를 움켜잡고 하나 둘 셋 구령에 맞춰 뒤집어 가며 육지 쪽으로 굴리기 시작했다. 물에 잠겨 죽지 말라고.

한 서너 번 몸을 굴리자 물개는 잠시 눈을 뜨고 주위를 살펴본 후 다시 눈을 지그시 감아버린다. 촉촉이 젖어 있는 물개의 커다란 검은 눈동자가 유난히 애처롭게 보였다.

힘에 겨워 틈틈이 쉬어가면서 반시간 남짓 이 일을 계속 했다. 이른 아침이었으나 태양은 벌써 뜨겁게 내려쪼였고, 우리 둘은 땀에 흠뻑 젖어버렸다. 한참을 애쓴 후에야 겨우 물개를 파도가 미칠 수 없는 모래밭까지 안전한 곳에 옮겨놓을 수 있었다.

어느새 시내에 있는 〈선한목자병원(El Buen Pastor Hospital)〉의 내과 환자 진료 시간이 다 되어 버렸다. 땀에 흠씬 젖은 게르모에게 낮에도 물개를 살펴달라고 부탁했다. 떠나기 전 혹시 흑갈색의 물개가 모래사장과 구별이 안 되어 자동차에 치일까 싶어 눈에 잘 띄도록 하얀 타월을 물개의 등에 덮어 주었다.

그날은 유난히도 환자가 많아 밤 9시가 넘어서야 의료봉사를 마칠 수가 있었다. 너무 늦은 시각에 숙소로 돌아와 그냥 잠에 빠져버렸다.

다음날 새벽, 물개가 누워있던 장소로 가보았다. 걸음을 재촉하며 제발 물개가 사라졌기를, 자신의 삶의 터전인 바다로 되돌아갔기를 간절히 바랬다. 하지만 내 바람과는 달리, 저 멀리 덩그러니 죽어 누워있는 물개가 눈에 들어왔다.

어제 아침에 내가 떠날 때의 모습 그대로 등에 타월이 덮인 채 죽어 있는 물개를 보며 여러 가지 생각이 떠올랐다.

"과연 나는 이 생명을 구하려고 최선을 다했던가? 나는 수의사가 아니라고, 내 능력에 부친다고, 그래서 물개를 단지 뭍으로만 옮겨 놓고는 손을 놓아버렸던 것이 아닌가?"

이런 실망과 후회 속에서 나는 칼멘의 삶과 죽음을 다시 한 번 떠올리고 있었다. 나에게 멕시코 의료봉사의 의미와 방향을 제시해준 나의 첫 번째 원주민 환자와의 이야기다.

몇 년 전 낚시 친구인 전 선생과 이 선생이 아직도 사람의 손길이 닿지 않은 경치가 기가 막힌 바닷가를 찾아냈다면서, 정말 바다다운 바다를 보여주겠다며 함께 갈 것을 권했다. 그곳이 바로 LA에서 차로 9시간이나 걸리는 바하 캘리포니아 남쪽 바다에 위치한 샌퀸틴이었다. 바하 캘리포니아 국도 1번을 따라 남쪽으로 8시간가량 달려가니 포장도로는 끝이 났다. 거기서 바닷가인 서쪽으로 우회전을 한 후 한 시간 남짓을 비포장도로를 달리게 되자 차는 전후좌우로 심하게 뒤뚱거리면서 요동을 쳤다. 차창은 고운 황토 먼지에 뽀얗게 뒤덮였고, 길은 점점 더 험해지고 좁아지다가, 드디어 바다를 끼고 달리는데 차바퀴가 모래에 푹푹 빠졌다.

내가 탄 차는 사륜구동(4×4)이라 그럭저럭 잘 빠져나올 수 있었으나 이 선생이 운전하는 밴이 급기야는 모래밭에 파묻혀 꼼짝을 못하게 되었다. 차를 되돌려 나올 공간도 없는 험한 외길이었다. 시간은 벌써 자정이 되어오고, 인가라고 해야 방파제 구실을 하고 있는 화강암 무더기 뒤편에 웅크린 듯 자리 잡고 있는 길다란 오두막집 한 채가 전부였다.

전 선생은 캠핑 도구며 침구, 아이스박스 같은 무거운 것들을 내려놓고는, 이 선생을 도우러 황망히 떠나버렸다.

나는 예기치 않게도 깊은 밤중에 낯설고 외딴 바닷가에 홀로 남겨졌다. 당황스럽고 불안한 기분으로 주위를 둘러보다가 고개를 드니 온 하늘에 별을 뿌려놓은 듯이 은하수가 가득 펼쳐져 있었다. 별들이 마구 쏟아져 내리는 듯한 이 황홀한 광경에 나는 넋을 잃고 말았다. 교교한 달빛에 채색되어지고, 누워있는 끝 간 데 없는 넓은 바다는 마치 이 세상 풍경이 아닌 듯 신비스럽기 그지없었다.

차 소리에 막 잠이 깬 듯, 부수수한 얼굴로 사내아이 두 명이 오두막집에서 나오더니 나를 반긴다. 처음 보는 사림인데도 불구하고 스스럼없이 웃어 보이는 그들에게서 오랫동안 잊고 살았던 인간적이고도 따뜻한 순수함이 느껴졌다. 이들에게는 외로움에 지친 그리움으로 인기척 사체가 반가웠던 것이다.

한적한 바닷가에서 맞닥뜨린 은하수, 그리고 무엇보다도 순박하고 꾸밈없는 바닷가 사람들에게서 마치 잃어 버렸던 마음속의 보물을 되찾은 것만 같아 가슴이 뭉클했다.

이런 느낌 때문에 불편하고도 먼 길임에도 불구하고 이후로 샌퀸틴을 자주 찾게 되었다. 그 곳에 갈 때마다 며칠씩 캠핑을 하면서 낚시를 즐겼다.

첫날 밤 나를 반기던 소년들이 살고 있는 오두막집에는 칼멘이라는 여인이 모든 살림을 도맡아 하고 있었다. 50세의 칼멘은 5피트 남짓한 작은 키에 뚱뚱한 체격인데, 검게 그을리고 주름진 얼굴 때문에 나이보다 훨씬 늙어 보였다. 그녀가 전형적인 멕시코 원주민인 인디오였고, 그녀의 남편은 스페인 피가 섞인 혼혈인 메스니조이다.

그녀는 결혼 후 줄곧 이곳에서 살아왔는데 그동안 무려 열여섯 명의 아이를 낳았으나 그중의 반인 여덟 명을 잃었다고 한다. 위로는 결혼한 아들로부터 4살짜리 막내딸까지 연령차가 많이 났다.

우리는 주위에서 세상 떠난 자식을 잊지 못해 평생 가슴에 한을 품고 사는 어머니들을 보곤 한다. 그러나 그들에게는 찾아와 위로해 줄 수 있는 따뜻한 이웃과 친지가 있고, 또 누군가에게 전화를 걸어 자신의 마음을 털어 놓을 수도 있었다. 하지만 칼멘에게는 찾아올 사람도 없고, 전화는 물론 전기도 수도도 없었다. 외딴 오두막집에서 그녀만 쳐다보고 있는 여덟 명의 자녀와 돈이 조금만 생기면 한 시간이나 걸리는 시내에 나가 술을 마셔대는 무능력한 남편이 전부였다. 그녀는 자녀를 잃은 슬픔과 고통, 생활고 등 아무런 위로도 받을 수 없는 곳에서, 전기도 없어 칠흑같이 깊은 밤에 지칠 줄 모르고 밀려오는 파도소리가 더욱더 그녀의 가슴에 파고들었으리라.

사람들은 외로운 때는 바다를 그리워하고 허무할 때는 하늘을 쳐다본다고 한다. 또한 울고 싶을 때는 친구가 그리워지고, 힘든 때는 어머니가 보고 싶다고 한다.

아이들을 차례로 잃고, 차마 표현하기 힘든 아픔을 눈물로 삼키면서 수많은 밤을 지새웠을 칼멘의 일생에 깊은 동정이 갔다.

칼멘은 딱히 어디가 아픈지도 모르게 전신을 옥죄어오는 통증으로 여러 해 고생을 하고 있었다. 오두막집 뒷마당에 울타리를 쳐놓고 기르고 있는 돼지가 유일한 재산 목록이었는데, 그 돼지가 돈이 될 만큼 자라면 이를 판 돈으로 진찰을 받으러 4~5시간이나 떨어진 엔시나다와 티화나의 병원들을 찾았다. 그러나 어디서도 명확한 진단을 내리지 못했고, 늘 확실한 병명이나 치료방법은 물론, 뾰족한 약처방도 없이 빈손으로 집으로 돌아오곤 했다.

비록 취미인 캠핑과 바다낚시를 즐기기 위해 휴가차 찾아간 곳이었지만 나는 본능적인 직업의식으로 칼멘을 진찰하게 되었다. 의료 장비라고는 거의 없는 상황에서 알아낸 것은 혈압이 220/130인 중증의 고혈압과 심한 천식을 앓고 있다는 점이었다. 내가 틈틈이 방문할 때마다 가져다준 약품으로 이 질환들은 쉽게 치료될 수 있었다.

말수가 없이 무뚝뚝한 칼멘이지만 그 후로는 나를 만나면 누런 이가 다 드러나도록 반갑게 웃으며 말을 걸어오곤 했다. 또 아침, 저녁 하루에 두 번씩 갓 구운 또띠야를 낡은 접시 위에 깨끗한 하얀 레이스가 달린 보자기를 덮어 아들 손에 들려 보내곤 했다.

이곳을 자주 찾는 단골 낚시꾼이라도 일 년에 한번 정도 얻어먹을 수 있는 또띠야를 나에게는 정성을 다해 하루에 두 번씩 보내주었다. 너무나도 가난해서 남에게 무엇을 나눠 줄 수도 없는 형편이었으나 칼멘은 고마움의 표시를 얼굴 가득한 미소와 따뜻한 또띠야로 대신했던 것이다.

그런데 고혈압과 천식이 칼멘의 병 전부는 아니었다. 그 두 가지 큰 문제는 내가 가져다준 약으로 해결되어 한동안 멀리 있는 병원을 찾을 일은 없었으나, 또다시 전신의 아픔과 오한, 견딜 수 없는 피곤함이 그녀를 엄습하곤 했다. 더 이상 극심한 통증을 견딜 수 없었던 그녀는 급기야는 티화나에 있는 무료병원을 찾아갔다.

그곳 친척집에서 두 달 간을 기거하면서 통원치료를 받았다. 거의 스무 번이 넘게 하루 건너씩 수혈을 받았지만 끝이 보이지 않는 빈혈은 조금도 나아지지 않았다. 별다른 대책도 없이 수혈만 하는 치료가 계속되었다. 무료병원이라고는 하지만 치료에 드는 약품, 혈액 값은 자비로 부담해야 했는데 그것만으로도 칼멘 가족에게는 큰 짐이 되었다.

병원에는 돈 없는 환자들이 넘쳐나고 있었다. 의료비야 어쩔 수 없다고 해도, 밀려드는 환자들 때문에 의사와 변변히 얼굴을 맞대고 이야기도 할 수 없는 상황이었다. 그곳 의료진들은 제대로 병명을 밝히지도 못한 채 그저 가망이 없을 것 같다는 말만 되풀이 했다.

칼멘의 가족들은 마지막 방법으로 샌퀀틴에서 제일 크고 오래된 기독교 병원인 '선한목자병원'에 내가 도착하기 하루 전날 칼멘을 입원시켰다. 그러나 병원시설은 이곳 LA의 개인의원보다도 못한 곳이다. 이 병원에서는 나의 진료 스케줄을 두 달 전에 미리 공고하고, 또 이곳의 유일한 AM라디오 방송에서도 내 진료 날짜를 알려주기 때문에 칼멘이 나에게 진료를 받기 위해 입원한 것이었다.

그 날도 트럭을 몰고 흙먼지 나는 병원 앞마당에 들어선 순간, 웅성거리며 모여 있던 원주민 이십여 명이 우르르 운전석 쪽으로 몰려들었다. 나는 순간 겁이 덜컥 났으나 그중에서 낯익은 얼굴들을 발견하고는 마음을 놓았다. 바로 칼멘의 가족들이었던 것이다. 그들은 내가 칼멘을 진찰할 수 있도록 없는 돈을 겨우 마련해 그녀를 이 병원에 입원시켰다.

가족들은 다른 의사의 말보다는 나의 진단과 의견을 듣고 내 결정에 따르겠다고 진지하게 말했다. 그들에게 가장 소중한 사람의 생명을 나에게 전적으로 믿고 맡겨준 이들에게 최선을 다해야겠구나 싶어 어깨가 무거워졌다.

'선한목자병원'의 모든 자료와 먼저 치료했던 티화나 병원의 검사자료, 담당했던 의사와의 통화 등을 종합해 봤으나, 빈약한 의료장비 탓에 심증 이외에는 어떤 확진도 할 수가 없었다. 그곳의 열악한 의료 환경과 인명에 대한 자세들이 내가 살고 있는 미국과는 너무도 차이가 나서 그저 놀라울 뿐이었다.

마지막 방법으로 환자를 세밀하게 진찰이나 해보려고 병실로 들어섰다. 병실이래야 창문도 없는 조그만 방에 침대와 옷걸이만 달랑 놓여있는 골방이었다. 그런 병실의 하루 입원비가 칼멘 가족에게는 엄청난 액수인 20불이었다.

그녀는 고통스러운 표정으로 누워있었다. 얼굴은 눈에 띄게 부어 있었고, 오랫동안 감지 않은 듯한 머리카락은 누런 먼지와 기름때가 엉겨 붙어 딱딱하게 굳어있었고, 환자복도 입지 못한 채 평소에 늘 입고 다니던 꼬질꼬질한 누런 러닝셔츠와 색 바란 낡은 치마를 두른 채였다.

"칼멘!" 하고 이름을 부르면서 가까이 다가간 나를 보는 순간, 그녀는 갑자기 무슨 힘이 생겼는지 상체를 일으켜 "독토르, 독토르!"

부르짖으며 나를 덥석 껴안았다.

같이 동행했던 간호사, 병원 직원 등도 급작스레 일어난 상황에 그저 멍하니 우리를 쳐다 볼 뿐이었다. 기운이 진했는지 가끔 팔을 부르르 떨면서도 칼멘은 나를 안고 있는 팔을 풀려고 들지 않았다. 아마도 오랫동안 씻지도 못했을 그녀였지만 어쩐 일인지 그녀의 몸에서 나는 체취가 하나도 역겹게 느껴지지가 않았다. 비좁은 병실은 갑자기 조용해졌고, 나를 놓아줄 줄 모르는 그녀의 품안에서 나는 그저 가슴만 저려올 뿐이었다.

나는 빈약한 의료시설로 할 수 있는 모든 진찰을 시작했다. 진찰로는 내장의 출혈이 없었음을 다시 확인할 수 있었다. 그간의 임상경험을 토대로 아마도 임파선 암이나 골수암 같은 골수를 침범하는 질병이라는 심증을 더욱 굳히게 되었다. 진찰이 끝난 후 병원 밖에서 초조하게 나를 기다리고 있는 가족들에게로 무거운 발걸음을 옮겼다.

병원마당 한구석에는 흙먼지와 종이, 나뭇잎들이 뒤섞여 뿌연 회오리바람을 일으키고 있었다. 걱정스러운 얼굴로 내 주위에 둘러선 가족들에게 간호사의 통역으로 이야기를 시작했다. 내가 여러분을 대신해 결정을 내릴 수는 없고, 칼멘의 모든 상황, 병력, 치료 가능성, 진찰 내용들을 설명할 터이니 여러분이 결정을 해주었으면 좋겠다고 서두를 꺼냈다.

가족들에게 아픈 마음을 남기지 않으려고 미국에서라면 가능했을 확실한 진단 방법이나 치료 과정 등에 대한 언급은 하지 않았다. 나도 칼멘을 미국으로 오게 할 자신이 없었기에 편안하게 집으로 모시라는 쪽으로 유도를 하고 있었던 것이다.

묵묵히 이야기를 듣고 있는 체념과 절망이 뒤섞인 그들의 얼굴이 석양빛에 반사되어 더욱 쓸쓸했다. 결국 그들은 가족회의 끝에 그녀가 마지막 날들을 집에서 보내게 하는 것이 좋겠다는 결론을 내렸다.

퇴원 준비를 서두르면서 그들은 나에게 한 가지 소원이 있다며 간절히 부탁을 했다. "최후를 맞이하는 어머니가 집에 있는 동안 단 하룻밤이라도 선생님이 곁에서 돌봐줄 수 없겠느냐. 선생님이 곁에 있어준다면 평소에도 늘 선생님을 믿고 의지했던 어머니에게 큰 위안이 될 것이다. 그리고 또 한 가지, 현재 소변관을 꽂고 있는데 이로 인해 너무 고통이 심하니 이것을 좀 뽑아줄 수 있느냐?"는 것이었다.

그들의 집은 비포장도로를 통해 한 시간가량 가야 하고, 다른 인가가 없는 오두막집이라 천상 그 옆에서 텐트를 치고 야영을 해야만 하는 형편이었다. 예정에 없던 일이라 텐트나 침구는 물론 음식도 준비가 되어있지 않았다. 게다가 내일은 시내에서 연로한 수녀 의사와 오전 진료를 같이 하기로 약속을 해놓았기에 오늘은 불가능하고, 대신 내일 가서 하룻밤을 보내겠다고 약속을 해주었다.

소변관 또한 원칙적으로는 꽂혀있는 채로 놔두는 것이 의학적인 상례다. 혈압도 낮고 소변을 볼 힘이 없는 최후를 맞이하는 환자에게는 특히 그렇다. 그러나 스무 시간 안에 내가 다시 그녀를 볼 것이고, 또한 보통 성인 방광의 크기가 1500cc는 되니까 소변을 못 봐 방광에 소변이 차더라도 스무 시간 동안 1000cc이상은 안될 것이라는 계산 하에 그동안은 견딜 수 있을 것이라고 판단했다. 간호사에게 소변관을 뽑으라고 지시하고, 다시 꽂게 될 경우를 생각해 새 소변관, 소변백, 소독약, 주사기, 장갑 등을 두 세트씩 받아서 챙겨 놓았다.

약속대로 다음 날 이른 오후, 선배 의사인 플로리다에서 오신 한 선생님과 같이 칼멘의 집을 방문했다. 침구와 텐트는 그곳에 캠핑 낚시를 하러온 사람에게서 빌릴 수 있어 그날 밤을 그녀의 집 옆에서 야영을 하게 되었다. 오두막집 주위에는 그녀의 마지막을 지켜보기 위해 멀리서 찾아온 친척들이 웅성거리고 있었다. 이들 또한 거처할 곳이 없어 오두막집 앞 헛간에 다 낡은 비닐로 칸막이를 하고 부대자루를 바닥에 깔아 놓고 기거를 하고 있었다.

그들은 말없이 굳은 표정으로 집 주위를 서성대고 있었다. 너나 할 것 없이 모두 다 가난하지만 깊은 정을 가지고 어렵게 모여든 이들에게서 참으로 따스한 마음들이 느껴졌다.

다행스럽게도 칼멘은 스스로 소변을 눌 수가 있었고 다시 불편한 소변관을 꽂는 일은 생겨나지 않았다. 그 날 저녁, 어두운 단칸방에서 홀로 누워있는 그녀에게 틈틈이 진통제, 해열제, 영양 음료 등을 챙겨주고, 떨어져가고 있는 혈압을 체크해 주었다.

집 앞 모래밭에는 그녀의 손자 손녀들이 모래로 집을 짓고 조약돌, 조개껍질들을 쌓아가며 놀고 있었다. 저희들을 돌봐주고 사랑해 주던 할머니의 다가 올 죽음을 모르는 이 천진난만한 아이들에게 누군가가 죽음에 대해 설명을 해주어야 될 것만 같았다.

나는 우선 얘기하고 싶은 내용을 스패니시 사전을 찾아가며 준비했다. 그날 저녁은 유난히도 짙은 물안개가 깊숙하게 드리운 차가운 날씨였다. 숙소 옆 돌담가에 테이블과 긴 의자 몇 개를 늘어놓고 아이들을 불러 모았다. 그리고 이들에게 말을 시작했다.

"너희들이 사랑하는 할머니는 우리가 살고 있는 이곳을 떠나 예수 그리스도가 사시는 하늘나라로 갈 준비를 하고 있단다. 할머니가 어떤 곳을 가는지 알고 싶으면 그곳에서 할머니와 함께 하실 예수 그리스도를 보면 잘 알 수 있을 거야."

나는 항상 가지고 다니는 자가 발전기와 13인치 TV를 테이블 위에 올려놓고 예수 그리스도의 일생과 부활의 내용을 담은 비디오를 틀기 시작했다. 일곱 명의 아이들은 등받이도 없는 긴 나무의자에 앉아 한 시간 반가량이나 그 비디오를 뚫어지게 쳐다보았다. 아이들은 만화영화를 보면서도 장난치며 잠시도 가만히 있지 못하던 평소의 개구쟁이들이 아니었다. 할머니의 죽음을 바로 눈앞에 두었던 그 날 밤 장면들이 아이들에게는 일생동안 기억될 것 같았다.

그 다음 날도 틈틈이 칼멘을 돌보아 주었다. 심란한 마음을 달래려

가끔씩 바다에 낚시를 던져 보기도 했으나 아무 성과도 없었다. 나는 밀물이 발을 적시는 것도 알지 못한 채 하늘을 붉게 물들이며 저물어가는 석양을 오래도록 멍하니 바라보고 있었다.

어둠이 내리고, 이제 내가 떠나야 할 시간이 되었다. 내일 또 시내 병원에는 아침부터 많은 환자들이 나를 기다리고 있을 터였다.

칼멘에게 마지막 작별인사를 하러 다시 그녀의 방으로 들어갔다. 이번에는 좀 이야기가 길어질 것 같아 영어를 할 줄 아는 넷째 아들 다비(후에 생계로 가재를 잡으러 바다에 들어갔다가 죽음)를 통역으로 데리고 같이 들어갔다.

어둠침침한 방 한 구석에서 자동차에서 꺼내온 헌 배터리를 연결한 작은 파일럿 전구의 희미한 빛이 그녀의 얼굴을 비춰주고 있었다.

"칼멘, 나는 이제 떠나야 합니다. 당신이 고통이 좀 덜해져서 평안해지기를 바랍니다. 당신을 위해 계속 기도할게요."

물론 치료되기를, 완쾌되기를 빈다는 말은 현실적으로 할 수가 없었다. 거칠고 바싹 마른, 그리고 손가락 주름마다 검은 때가 끼어 있는 그녀의 차디찬 손에 300불을 쥐어주면서 내 손으로 감싸 쥐었다.

"이 돈은 쓰고 싶은 곳에 쓰세요. 누구 주고 싶은 사람이 있으면 그 사람에게 주어도 좋고요."

나는 아마도 그 돈이 장례비용의 일부로 충당되리라고 생각했다.

이미 죽음의 그림자가 드리운 그녀는 누운 채로 힘없이 그러나 명료하게 말했다.

"독토르, 그동안 우리를 잘 돌보아 주셔서 정말 감사합니다. 특히 열두 살짜리 내 아들 엔리케를 공부시키려고 거의 2년 동안이나 학비를 대주셔서 무엇이라고 감사를 해야 할지 모르겠군요. 저는 제가 곧 죽을 것이라는 걸 압니다. 선생님에게 신의 은총이 늘 함께하기를, 특히 오늘 밤길에 무사히 돌아가시기를 기도할 게요."

비록 목소리는 낮고 목이 메어 있었으나 절규하는 듯한 그녀의 말을 듣고 있는 내 가슴은 터질 것만 같았다. 그녀 또한 찢어지는 가슴으로 어둠 속에서 눈물을 감추고 있었을 것이다.

그녀와 작별인사를 끝내고 집 밖으로 나왔다. 무심한 바다는 여전히 흰 파도를 넘실대며 쉴 새 없이 밀려오고 있었다. 그날따라 달은 두꺼운 구름 속에 빛을 감추었고, 물안개가 자욱하게 끼어 시야를 가리고 있었다. 나는 사륜구동차에 장치된 특수 안개등(Fog Light)을 켜고 바다 옆 조그만 산언덕 사이를 헤쳐 나가기 시작했다. 머릿속에는 여러 상념들이 끊임없이 꼬리를 물고 이어졌고, 옆 좌석에 앉은 한 선생님도 내 마음을 아는지 묵묵히 침묵 속에 헤드라이트에 비쳐지는 희미한 길만 응시하고 있었다.

기독교 집안에서 태어나, 기독교 의과대학을 나왔으면서도 한 번도 진실되게 하나님께 기도해 본 적이 없는 내가 서슴없이 칼멘을 위해 기도하겠다는 말이 나온 것이 나 자신도 놀라웠다. 의사의 당연한 본분인 환자를 치료해서 낫게 하겠다는 말 대신 기도나 하겠다는 말밖에 할 수 없었던 내 자신의 한계와 미약함을 절감하며 마른 입술을 깨물며 운전을 계속했다.

그때 갑자기 한 선생님이 놀란 목소리로 외쳤다.

"이봐, 최 선생, 파도 소리가 너무 가깝게 들리지 않아?"

정말 파도소리가 내 귀 앞에서 때리고 있었다. 깊은 상념 속에 빠져서 길을 잃고 있었던 것이다.

급하게 차를 세우고 보니 샛길로 잘못 들어간 차는 바닷가의 가파른 절벽 위, 벼랑 2~3미터를 남겨놓고 가까스로 멈춰 서있었다. 어둠 속에서 더욱 기괴하게 보이는 절벽 위에 서있자니 거친 파도가 바위를 때리며 솟구치는 물방울들이 얼굴까지 튀어 올랐다.

소름 끼칠 정도의 찬 공기에 몸을 떨며 한 선생님이 탐조등을 들고 밖에서 지시하는 대로, 차를 좁은 면적에서 이리저리 빼고 전진, 후진을 반복한 끝에 가까스로 돌아 나올 수 있었다. 이미 방향 감각을 잃어버린 나는 차에 부착된 나침반에 의존하여 동쪽인 시내를 향해 헤쳐 나갔다.

가까스로 길을 헤쳐 나오면서 어둑한 단칸방에 누워있던 칼멘의 얼굴이 자꾸 떠오른다. 우리처럼 방향을 제시해 주는 나침반도 없이 죽음의 골짜기로 깊게 깊게 빠져 들어가고 있는 그녀의 모습이 연상

되어 견딜 수가 없었다.

다음 날 아침부터 일흔이 넘은 고령임에도 불구하고 무료 클리닉을 운영하고 있는 헌신적인 수녀 의사와 함께 외래환자들을 돌보고 LA로 돌아왔다. 같은 하늘, 같은 땅덩어리지만 약간의 차이로 멕시코와 미국의 모든 것이 그토록 다를 수도 있다는 것이 실감나지 않았다. 하지만 나는 곧 아무 일 없었다는 듯한 일상적인 LA생활에 다시 젖어 들었다.

사흘 후 샌퀸틴에서 소식이 전해져왔다. 내가 떠난 그 다음 날 칼멘은 어둠 속에서 조용히 숨을 거두었다고 한다.

우리가 하고 있는 멕시코 의료 봉사가 크게 인술을 베풀었다거나, 죽어가는 사람들의 생명을 구했다고는 할 수 없다. 아니 오히려 못했다고 하는 표현이 더 정확할 것이다. 단지 현대 의학의 도움을 거의 받지 못하는 그들에게 의료봉사로 조그만 혜택을 주고 아픔을 덜어주려고 노력했을 뿐이다. 모래 한 알만큼이라도 보탬이 되어보려는 노력이고 바람이지만 막상 뚜렷하게 내세울 만큼 이루어 놓은 것도 없다.

오늘 아침도 샌퀀틴 바닷가에 나와 혼자 산책을 하면서 쉴 새 없이 밀려오는 파도를 바라본다. 이 거대한 자연의 힘 앞에 설 때면, 인간이란 얼마나 미약한 존재인가를 실감하게 된다. 하지만 우리 능력의 한계와 내 작은 존재가 이루어내는 미흡한 결과에 실망하지 말고 이를 받아들이는 겸허함을 갖자고 마음을 다진다.

외딴 골목길에 떨어져 있는 종이 한 조각을 줍는 일이 이 지구를, 아니 이 우주를 깨끗하고도 아름답게 만드는 첫걸음이 될 수 있으리라 생각하며, 두 달에 한 번씩 찾아오는 우리의 '바하 힐링 미션(Baja Healing Mission)'을 위해 나는 또 짐을 꾸릴 것이다.

엔리께와 에힐리호가 그렇게 부러워했던 자전거를 준 날 그들의 표정을 사진에 담았다.

오래 기억에 남을 아름다운 사람들

8년을 넘게 해온 멕시코 의료봉사, 두 달에 한 번씩 4~5일간 진행하는 의료봉사에 이런 저런 고난(?)은 늘 있게 마련이다.

두 번이나 짐을 실은 트레일러가 고속도로 위에서 떨어져 나갔던 일, 우리 트럭의 앞바퀴와 뒷바퀴가 터지는 일… 등등 정말 크고 작은 많은 일이 있었다. 그러나 이런 고난에 한 번도 당황하거나 불평한 적이 없다. 이런 일들도 봉사에 따르는 하나의 불청객이려니 생각하며 미소로 일들을 수습하곤 했었다.

그러나 이번 8월의 멕시코 봉사 일정은 정말 감당하기 힘들고 슬펐던 여행이었다. 앞으로는 우리 〈바하 힐링 미션〉에 이런 가슴 저린 일이 없기를 기도한다. 이번 선교여행은 슬펐지만 아름답고 감동적인 여행이기도 했다.

감동의 주인공은 이수연이라는 친구.

오랫동안 우리와 같이 봉사하면서 운전 등 모든 궂은일들을 도맡아 했던 이수연 씨는 50세의 건강하고 진실한 친구로, 지난 4월 암 전문의로부터 췌장암으로 3~5개월밖에 못 산다는 선고를 받고 그동안 약물투여로 가망이 희박한 치료를 계속하고 있다.

그런데 그가 지난 8월초에 10살 된 자기 아들을 데리고 불쑥 내 오피스로 찾아왔다. 마지막으로 한 번 더 멕시코 봉사를 하고 싶단다. 10살 난 아들과 10년 간 한 번도 같이 멕시코에서 일해 본 적이 없는 그의 부인도 데리고 가고 싶단다.

더욱이 자기가 10년간 탔던 A-TV(오토바이의 일종)를 가지고 가서 자기가 손수 조립한 뒷좌석에 가족들을 앉히고 달려보고 싶단다. 물론 차량은 우리 트럭과 트레일러를 동원해서 운송도 부탁하면서. 그의 부탁을 듣고 순간적으로 망설여졌다. 미스터 리의 산산이 부서지고 있는 건강상태, 또한 이번 봉사현장에서 죽을 수도 있다는 가능성, 그러면 멕시코 미국정부 검문소에서의 처리과정이 무척 힘들 것이라는 생각들이 머리를 스쳤다.

그러나 시한부 생을 사는 한 사나이가, 더구나 열심히 봉사한 〈바하 힐링 미션〉의 식구가 간절하게 부탁하는 마지막 소원을 저버릴 수는 없었다. 그는 남은 생에 많은 의미가 부여될 가족과의 어울림, 그리고 그의 인생에 큰 의미를 주었던 봉사의 마지막 손길 등이 주어져야겠다고 마음을 굳혔다.

"그래, 생각해보자." 하고 그날은 그들을 집으로 돌려보냈다.

그 다음날 아침, 그의 담당 암 전문의에게 전화를 걸었다. 양해 겸 의논 전화였다. 우리 두 의사는 그의 소원을 들어주자는 쪽으로 의견의 일치를 보았다. 혹시 이번 여행으로 인해서 생명이 일주일 내지 한 달 단축된다 하더라도, 남은 짧은 생에 큰 의미가 주어질 수 있는 봉사정신의 실천 그리고 귀중한 가족과의 마지막 아름다운 추억이 더 소중할 것이라는 결론이었다.

이 암 전문의는 여행에서 돌아오는 그 다음날부터 약물투여 치료를 시작하기로 하고, 약물투여 치료를 2주간 보류해 주겠단다. (약물투여 치료 중에는 식사를 못하고, 햇볕을 쬐면 피부 전체에 발진이 시작된다.)

이 통화가 끝나자마자 나는 〈바하 힐링 미션〉 회원들에게 전화를 걸었다. 우리 밸리에서 개업하고 있는 김규현 소아과 가족, 성악가 서혜경 씨, 공인회계사 박수현 씨 가족, 김웅 씨 가족, 이성희, 함용성 씨 가족 모두가 기꺼이 그를 위하여, 아니 그의 아픔을 동참하여 나누고 싶다고 한다.

그들의 동참 의미는 미스터 리와 그 가족과 같이 어울려 지내는 봉사와 위로, 바람이 있는 여행이다. 돕는다는 것은 우산을 들어주는 것이 아니라 그들과 같이 함께 비를 맞는 것이라는 말이 더욱 실감나게 느껴졌다.

아이들을 포함해 22명의 많은 인원이 떠나는 4박 5일의 여정을 위해 준비해야 할 식량과 차량, 그곳에서 나눠줄 구호물품을 구입하기에는 2주가 턱없이 짧았지만, 우리 모두 그동안 수년 간 같이 일해

오면서 얻은 경험과 능력으로 모든 준비가 정확하고 완전하게 그리고 수월하게 이루어졌다.

8월 16일, 그의 가족을 내 트럭에 태우고 멕시코를 향해 떠났다.

미스터 리는 전에도 늘 그랬듯이 장시간의 운전을 나에게 안 맡기고 본인이 직접 하겠단다. 그러나 이번은 상황이 다르다. 힘든 투병으로 그의 몸은 매우 쇠약해졌고, 그가 해야 할 더 중요한 일들이 멕시코에서 기다리고 있기 때문에 에너지를 비축해 두는 것이 좋을 것이다.

그래서 운전대는 내가 잡았다.

그것이 미스터 리가 그동안 항상 차 운전을 도맡아 해주었던 것에 대한 〈바하 힐링 미션〉의 선물(?) 아니 진심으로 멕시코 봉사를 했던 사람에 대한 하나님의 아주 작은 보상이라고 생각했다. 국경에서 A-TV(오토바이의 일종)의 검문 검열은 있었지만, 밤 10시경에 무사히 현지에 도착할 수 있었다.

아침에 일찍 일어나 보니, 미스터 리가 자기 부인과 10살 난 아들을 손수 꾸민 A-TV 뒷좌석에 앉히고 바닷가 모래밭을 이곳저곳 두루 달리고 있었다. 아름다워야 할 이 광경에 왜 나는 눈시울이 뜨거워졌는지…. 그 아름다운 광경을 보는 동안 이 A-TV를 싣고 오느라 힘들었던 과정도 바닷물에 싹 씻겨나가고 있었다.

가슴과 가슴, 등과 등을 맞댄 세 사람을 태우고 바닷가 모래사장을 달리는 A-TV의 바퀴를 멀리서 바라보면서 나는 가족의 의미를 새삼 깨닫는다. 그냥 단순한 사랑이 아니라 서로가 지켜봐 주는 누군가와 함께 있다는 사실을 상대방으로부터 따뜻하게 느끼는, 가족으로부터의 정신적인 안정감을 그들은 그 순간 벅차게 느끼고 있었을 것이다. 그런 벅찬 감정이 저 오토바이 위 가슴과 가슴을 맞대고 앉아 있는 세 사람 사이를 흐르고 있구나. 나는 그들을 하염없이 점처럼 멀리 사라질 때까지 지켜보고 있었다.

첫째 날은 이들 가족이 오후부터 밤중까지 우리와 같이 봉사의 현장에서 뛰었다. 미스터 리는 라면 끓여주는 일, 의류, 장난감, 식료품을 나눠주는 일, 영화 상영 등등 두루 하나도 빠지지 않고 참여를 하고 싶어 쉬지 않고 뛰어다녔다.

조용하나 상냥한 그의 부인은 구석에서 머리 깎을 멕시코 아이들의 머리를 감겨주고 있었다. 부인의 미소 속에는 내면 깊숙이 드리워진 어두움을 읽을 수가 있었다. 남편이 해 오던 일을 몸소 느끼면서 말이다. 이 아름다운 광경을 보면서 사람이 어떻게 죽는지를 알게 되면 어떻게 살아야 할지도 배운다는 말에 더욱더 동감을 하게 된다.

그 다음날 아침, 우리의 봉사 일에 또 동참하고 싶어 하는 미스터 리에게 힘이 부치도록 쇠약해진 몸에 안정이 필요하니, 우리 없는 동안 가족들만의 시간을 가지라고 남겨두고 우리는 봉사의 현장으로 떠났다. 그들은 가족들만의 좋은 시간을 가졌다.

그날 저녁은 우리가 계획했던 대로, 모두가 이 가족에게 위로와 힘이 되는 말을 자연스럽게 나누기 위해 바닷가 모래사장 위에서 캠프파이어를 준비하였다. 세차게 부는 바닷바람을 비닐 천막으로 막고 모두 둘러앉아 불을 피웠으나, 따뜻한 대화를 나누기에는 분위기가 너무 산만하고 바람과 밤공기가 너무 차가워서 의미없는 대화만 나누게 되어 무척 안타까웠다.

활활 타오르는 장작더미의 불꽃 속으로 회오리치며 치솟는 불씨의 불꽃이 올라가는 하늘에 달도 없이 한없이 반짝이는 별들이 푸르게만 보이고 서늘함만이 스쳐가는 바닷가의 밤이었다.

그 다음날 아침은 미스터 리와 함께 모든 남자들이 낚싯대를 바다에 드리우기로 했다. 10년 전에는 같이 하곤 했으나, 지난 8년간 멕시코 봉사 때문에 못했던 바다낚시를 하면서 예전의 그 시간으로 돌려보고 싶어들 했다.

이 날 저녁도 바닷가에는 쉬지 않고 바람이 불었다. 이 날은 할 수 없이 이곳 원주민 Laura(우리의 창고를 그녀의 집 마당에 지어놓고 무료로 임대, 관리를 해주고 있다.)의 바닷가 캠핑장 위에 지어놓은 카페를 밤 12시까지 전세를 내어, 우리가 직접 주방에서 만든 저녁을 먹은 후, 그 전날 못했던 대화들과 예배, 찬양 등 위로의 좋은 시간을 가졌다.

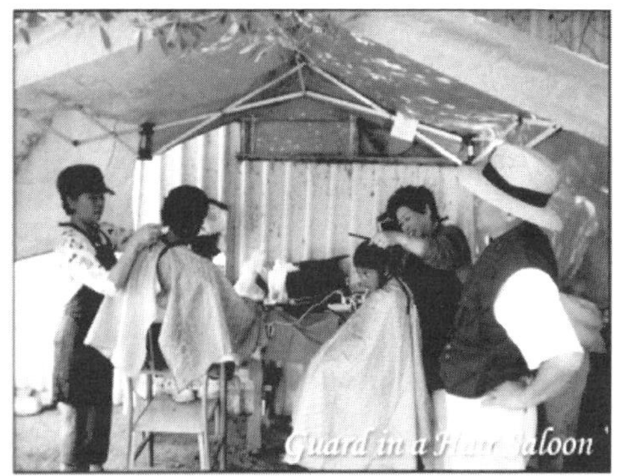

Guard in a Hair Saloon

Worship & Pray for Senor Lee

Movie House Owner

Forever Young Lovers Lee's

Job Training for To-Be-Chefs

함용성 부부의 암 투병기와 간증, 굳은 신앙심을 보여주는 신실한 김규현 소아과의 인도로 미스터 리를 위한 기도와 격려의 말씀들이 어두운 등불 아래서 절절히 이어졌다.

수년간 멕시코에서 우리와 같이 봉사하던 성악가 서혜경 씨가 "나 어느 날 꿈속을 헤매며…"라고 시작하는 찬송가를 부를 때 내 등 뒤에 서있던 여자분들의 흐느낌이 들려왔으나, 그 분위기에 고개를 돌릴 수도 없이 고개는 떨군 채로 우리 모두가 엄숙하게 경직되어 있었다.

미스터 리의 어깨 위에 얹은 내 손바닥에는 그의 몸에서 울리는 덜컹덜컹거리는 진동이 확실하게 느껴졌다. 울거나 흐느끼는 것은 아니었다. 그것이 무엇인지는 지금 이 순간도 헤아려지지가 않는다.

떠나는 일요일 아침, 미스터 리의 얼굴 표정이 훨씬 밝아 보였다. 전날 저녁 동료들이 보여준, 그들이 줄 수 있는 모든 것을 주는 것에서 얻은 마음의 평안이 육체의 확신으로 전위된 것 같았다.

진심으로 도움을 준다는 것은 우산을 주는 것보다, 같이 비를 맞는 것이라는 말, 그리고 돈이나 물질의 제공이 아니라 귀중한 시간을 내주고, 관심을 보여주고, 마음에서 우러나와 진심으로 하는 그들의 마음이라는 것이 전달되어진 것 같다.

떠나는 아침 일요일, 모두는 성경책을 펴들고 바닷가 앞의 캠핑장에서 미스터 리가 중심이 된 예배가 함용성 씨와 김규현 소아과 의사의 인도, 그리고 성악가 서혜경 씨의 찬양으로 이어졌다.

돌아오는 길은 항상 갈 때보다 시간이 더 걸린다. 아침 11시에 출발한 일정이 미국 국경을 넘어 오렌지카운티의 설렁탕집에 도착하니 밤 10시가 되었다. 서로 감사의 인사를 나누고 집에 도착하니 밤 12시가 다 되었다. 짐을 다 내려놓고 잠자리에 누우니 새벽 2시였다.

자리에 누워도 잠은 안 오고 마음이 저려왔다. 트레일러를 단 트럭을 11시간이나 계속 운전한 피로 때문도 아니고, 모기에 뜯긴 따가운 상처들 때문도 아니었다. 미스터 리 가족과 같이 간 이번 의료봉사가 그와의 마지막 봉사라는 생각, 그리고 그는 내일부터 다시 힘든 약물투여 치료가 시작된다는 생각으로 마음이 저려올 뿐이다.

"왜 나에게 이런 일이 일어났는지 모르겠다는 불평이, 요즘은 순리대로 살겠다는 생각으로 변했습니다."라고 말했던 그의 말이 그나마 나에게는 한 가닥 위안이 된다.

인생은 좋은 일과 나쁜 일, 행복과 불행, 기쁨과 슬픔이라는 여러 실들로 짜여진 한 조각 옷감에 불과하다는 것을 깨닫고, 나에게도 이런 일이 일어날 수 있다고 인정하며 자기 몸을 하나님께 맡기고 안수와 간증을 마친 미스터 리에게 하나님께서 많은 관심을 주리라 믿어 의심치 않는다.

남은 삶을 더 적극적으로 참여하고 사랑하는 법과 사랑받는 법을 몸소 터득한 이 가정이 계속 영혼과 사람에 쓰여지리라 믿으며 우리 〈바하 힐링 미션〉 가족 모두가 간절히 기도한다.

티화나에서 만난 경찰

티화나의 한 모터사이클 경찰이 이렇게 말했다.

"미국 관광객들에겐 20달러는 아무것도 아니다. 일정이 바빠 서두르기도 하고 당황해서 얼른 현금으로 해결하려고 한다."

그는 6년 동안 20~25달러씩 3천 건의 뇌물을 받았다고 털어 놓았다.

관광객만이 아니다. 마켓에서 장을 본 한 멕시코 부부는 티켓을 떼려고 기다리는 경찰에게 장본 것의 반을 주고 면죄를 받기도 했다고 한다.

수없이 운전하며 장거리를 넘나드는 나도 여러 번 이런 일들로 그들과 마주치게 된다. 12년 전, 트럭 3대에 의류와 생활용품 등 구호품을 잔뜩 싣고 의료봉사 길에 나섰다가 티화나 국경 경찰에 걸린 것이다. 내가 탄 트럭은 운 좋게 '뺑소니'를 쳤지만 다른 의사들이 몰던 나머지 두 대는 꼼짝없이 잡혔다. 차는 압류 당하고 운전자들마

저 행방이 묘연했다. 불안에 떨 동료들을 생각하니 의료봉사팀의 책임자로서 그냥 기다리고 있을 수만은 없었다.

빵소니쳤으니 그 트럭을 타고 찾아갈 수도 없어 택시를 대절하여 티화나 본서로 찾아갔다. 모르겠다는 퉁명스런 대답에 한 모터사이클 경찰에게 다가가 '흥정'을 시작했다. 일행의 소재지를 알려주면 20달러, 석방시켜 주면 다시 20달러… 내가 탄 택시를 에스코트하며 이곳저곳을 뒤진 끝에 일행을 찾아준 그는 돈은 차에서 내려 골목길로 들어가 아무도 안 볼 때 달라고 말했다.

그 후엔 티화나로 들어갈 때마다 일행의 차량을 분산시키는 등 나름 대비는 한다. 그러나 교통 안내판이 제대로 없어 미로를 헤매듯이 시내를 돌다보면 어디선가 경고등을 번쩍이며 나타나는 경찰들을 완전히 피하기는 쉽지가 않다.

20달러를 건네자 흰 봉투에 넣어달라던 경찰도 있었고, 20달러를 꺼내는 순간 지갑 안에 든 몇 장의 지폐를 보았는지 80달러는 주든지 본서로 들어가 벌금을 내고 운전면허증을 찾아가라던 경찰도 있었다. 마음속의 분노를 삭이면서 흥정한 결과 40달러로 낙착, 그의 요구대로 남이 안 보게 위반티켓 수첩 안에 넣어서 건넸더니 안녕히 가라고 친절히 인사까지 한다. 이들이 가는 출구까지 친절히 안내까지 해준다. 씁쓸히 스치는 안도의 미소 속에 달러 지폐가 눈앞에서 어른거린다.

아니, 무슨 봉사 떠나는 의사가 경찰에게 뇌물을 건네는가 싶어 때론 씁쓸한 자괴감이 들기도 한다. "가이사의 것은 가이사에게, 하나님의 것은 하나님에게."라는 구절을 떠올리며 상황윤리, 거룩한 것과 속된 것의 절대적인 것이 없다는 말을 되새겨보지만 마음은 개운치는 않다.

지난달 말 티화나 시내를 거쳐 국경 진입로로 가는 도중에 번쩍대는 위협적인 오토바이 경찰의 경고등이 백미러에 들어왔다. 현금 20달러를 미리 꺼내 주머니에 넣어둔 후 차 창문을 열고 건장한 체구, 낮은 목소리, 콧수염의 위엄을 보이는 그와 이야기를 시작했다. "우린 바하의 가난한 원주민을 위한 봉사를 마치고 10시간 이상 달려오느라 너무 피곤하다. 낯선 지역의 운전이 쉽지 않다. 봉사의 대가가 이것이냐."는 푸념까지 늘어놓았다.

"크리스천이냐?"는 그의 질문에 그렇다고 하자 자신도 크리스천이라면서 어디서 무슨 봉사를 하느냐고 물었다. 국경 순찰대 검문시 증명서용으로 가지고 다니는 봉사사진들을 보여 주었더니 열심히 들여다보면서 자신의 종교관과 봉사관까지 풀어놓기 시작했다.

난 겉으로는 경청하는 척 했지만 속으로는 '저 장황한 설명이 끝나면 뇌물 흥정이 시작되겠지. 그간 가격이 얼마나 올랐을까?'하고 가격을 말해 주기를 기다리고 있었다.

그런데 갑자기 그가 악수를 청했다. 커다란 손으로 내 손을 아플 정도로 꽉 잡으면서 "당신, 좋은 일 많이 하시는군요. 신의 가호가 함께 하시기를…."이라는 말을 남긴 그는 모터사이클 굉음을 남기며 순식간에 사라져 버렸다.

주머니 속에 남아있는 20달러 지폐를 미안한 마음으로 만지작거리며 하얀 구름이 남쪽으로 흘러가는 파란 하늘을, 난 그날 한참 바라보았다. 올바른 마음의 경관을 부패하여 흥정의 대상으로만 보았던 내 자신의 마음가짐이 세속적일까.

힘들은 여정이었지만 피곤이 이 경찰의 오토바이와 같이 실려 가버린 듯 사라진다. 이런 조그만 일들이 있어 나의 바닥난 의욕의 탱크를 다시 채워주어 다음 짐을 또 꾸리게 되곤 한다.

우리를 너무 너무 무시해요

몇 년 전 바하에서 의료봉사를 마치고 난 저녁 무렵, 우리 일행은 풍광 좋은 외딴 바닷가를 찾았다. 안토니오라는 멕시코 원주민이 자신의 작은 오두막집 옆에 돌담을 쌓고 짚으로 지붕을 덮은 캠프장을 만들어 놓고 낚시하러 오는 한인들에게 빌려주고 있었다. 20여 년 동안 안토니오는 그 사용료로 생계를 꾸려가는 사람이었다.

열댓 명의 우리 봉사대원들은 붉게 타오르는 캠프파이어 주위에 둘러앉아 별빛이 찬란한 하늘과 밀려드는 파도소리, 꿀 같은 휴식에 취해 이야기를 나누고 있었다. 안토니오는 오랫동안 말상대도 없이 외딴 곳에 살아서 사람이 그리웠던지 우리와 어울렸다.

그는 스패니시가 유창한 젊은 여성 애니 곁에 자리 잡고 앉아서 쉴 새 없이 말을 건넸는데 애니가 그에게 물었다.

“오랜 기간 동안 한국 사람들을 이웃으로, 캠프장 고객들로 접하고 지냈는데 한국 사람에 대한 인상이 어때요?"

"한국 사람들은 우리를 너무 너무 무시해요."

안토니오의 음성은 갑자기 톤이 높아졌다. 취기도 좀 섞인 탓인지 목이 메어 울먹거리며 대답했다.

그 말을 듣는 순간 마치 가슴속에서 얼음덩어리가 쨍하고 깨어지면서 그 편린이 가슴속을 마구 찌르는 듯 했다. 아니 이 착한 사람이 마음속에 이런 상처를 가진 채 우리를 20여 년 간이나 대하고 살았구나. 언제나 우리를 환대해 주고 90도 절을 해가며 굽실굽실 모든 심부름을 웃으며 다해 주던 그 사람이 이 사람 맞나, 싶기도 했다.

우리의 의도와는 상관없이 상처받는 타인의 아픔에 더 많은 관심을 가져야겠구나, 나 자신을 반성하며 많은 생각을 했었다.

샌퀸틴에서 하노라는 멕시코 중년의 여성을 알게 되었다. 한인 한 분이 그곳에서 가게를 운영하면서 그 수입금으로 그곳 주민들을 도고 있었는데 하노는 이 가게 점원이었다. 환자로, 점원으로 하노와 친해진 우리는 종종 하노의 집에 들러 라면을 끓여 먹고 행선지로 떠나곤 했다. 그런데 어느 날 하노가 털어놓은 이야기가 또 나를 찔렀다.

"이 가게에서 일한 지 10년이 넘었는데 우리 주인은 한 번도 식사를 같이하자고 한 적이 없어요. 여러분은 항상 나와 함께 먹자고 해서 정말 좋아요."

'음식을 나누는 것은 마음을 나누는 것'이라는 아리스토텔레스

안토니오와 같이 저녁을

하노 가족들과 함께 컵라면을 나누는 점심 한때

의 말을 염두에 두고 우리가 하노와 식사를 같이 한 것은 아니었다. 그저 장소를 사용하는 데 대한 미안함과 고마움 때문이었는데 별 생각 않고 격 없이 대한 것이 그녀에게는 따뜻하게 전해졌던 모양이었다.

안토니오도, 하노도 교육과 교양으로 다듬어진 사람들이 아닌, 말하자면 포장되지 않은 자연인들이다. 그들이 사람을 대하는 기본 척도는 유교적이고 인간적인 점이다. 그것들로 상대방을 평가한다. 따듯한 시선으로 친절하고 성의 있게 대하면 마음속에 깃든 내면의 품위를 알아보고, 허리를 굽히며 존경을 표하고 따른다. 그러나 내면의 품위를 발견하지 못하면 비록 겉으로는 저자세를 취한다 해도 속으로는 외면하며 경멸한다.

모든 인간관계가 그렇지만 이들과 대하는 것은 결코 쉽지만은 않다. 일을 진행시키려면 권위도 필요하기 때문이다.

진심 담은 친절과 질서를 유지하면서 권위를 자연스럽게 융화시켜야 한다.

바하 힐링 미션엔 8~9년 동안 함께 일해 온 3명의 젊은 멕시코 원주민이 있다. 충실한 조력자들이다. 지난 추수감사절 때, 그들과 그들의 가족과 함께 식사를 했다. 우리가 준비해간 음식을 차린 식탁 앞에서 그들은 스패니시로 감사기도를 올렸다. 기도가 끝난 후 나는 이렇게 말했다. "너희들과 나, 우린 한 형제다. 그리고 내가 너의 형이다." 그러면서 10여 년을 변함없이 이들과 일들을 하고 있다.

12년간의 우정

어느새 내 나이의 계절은 치열한 여름을 지나 가을을 맞고 있다. 삭막한 겨울이 닥치기 전, 지난 16년간 온 정성을 바쳤던 멕시코 봉사를 다음 주자에게 넘겨주기 위해 현지를 다녀왔다. 현장을 안내하고 소개해주는 마지막 방문 길이었다.

돌아오는 길, 차창 밖으로 항상 보였던 정경들이 펼쳐지며 그간의 추억들이 어우러지면서 일시에 떠오른다. 그 중에 게르모도 보인다.

게르모를 처음 만난 건 12년 전, 풋풋한 22세의 과묵하고 건장한 현지 원주민 청년이었다. 그는 유창한 영어 구사, 순수하고 성실함 속에 남을 돕는 성품으로 우리의 동역자가 되었다. 자기도 남을 도울 수 있다는 자부심도 있었을 것이다. 그는 지난 12년, 기꺼이 우리와 함께 봉사의 현장에서 땀을 흘렸다.

게르모 외에도 2명의 현지 원주민 청년들도 함께 일했다. L.A.에서 떠나는 봉사의 동반자들은 항상 바뀌었으나 현지 원주민인 이 세 명은 십여 년의 세월 속에 항상 같이 있었다. 가난하고 많이 배운 것 없는 청년들이었으나 순박하고 정이 많은 청년들이었다.

그들은 상대를 평가하는 기준도 순수했다. 약속과 신의를 지키고 진실함으로 흐트러지지 않는 품위를 갖춘 사람을 존경하고 따랐다. 학력이나 지위, 재력이나 국적은 그들의 가치 기준이 아닌 듯했다. 매번 일정 마지막 날에 나는 이들과 가족들을 숙소에 초대해 같이 저녁식사를 하면서 "너희와 우리는 한 형제지, 그리고 나는 너의 형이지 했다."(실제는 아버지뻘이다.) 그런 세월 속에 그들 인생의 상담자가 될 정도로 스스럼없이 식구같이 가까이 지냈다.

봉사 초기에는 가끔 같이 봉사하기로 했던 사람이 떠나기 며칠 전에 취소를 하는 바람에 혼자 간 적도 있다. 환자들과의 약속을 지켜야 했기 때문이었다. 현지에서 도와주는 이들이 없었으면 불가능했을 일이었다.

언젠가 그때도 나 혼자 이곳에서 의료봉사를 할 때였다. 새벽 5시 동트기 전 게르모가 곤히 잠든 나를 깨웠다. 두 개의 낚싯대를 빌렸다며 내민다. 같이 낚시를 하자고 한다. 잠을 더 자고 싶었다. 그러나 혼자인 내가 외로워 보였는지 위로자(?)가 되려는 그의 착한 심성에 할 수 없이 끌려갔다. 내가 낚시를 좋아하는 것을 아는 그는 바다에 낚싯대를 드리운 지 한 시간 만에 자기는 식당 웨이터로 일하러 가야

게르모가 신발을 나눠 준다.

환자에게 줄 전동 휠체어를 같이 사전 점검해 보고 있다

한다며 정오에 그의 가족, 친지들을 합류시키겠다며 봉사현장에서 만나자고 했다.

함께 갔던 한 의료봉사 대원은 그를 보자마자 교회에 가라고 즉흥적으로 전도하려는 사람들이 있었다. 그는 "나는 마음속에 확실히 예수님을 모시고 있어요. 교회 가는 대신 닥터 최와 함께 이 일을 하는 것으로 충분합니다."라고 말했다고 우리 일행들로부터 전해 들었다.

떠나는 날 아침 게르모를 조용한 현관 옆방으로 불렀다. "항상 나에게는 육체적인 피로와 부담이 있었다. 의사로서 환자들을 돌보는 것은 아주 쉽다. 그러나 왕복 20시간의 트럭 운전, 사전 준비, 무거운 구제물품 차량 관리 등등에서 오는 피로와 일정의 책임 등을 이제 감당하기에는 내 나이를 느끼기 시작했다. 이 일을 이번에 같이 온 조그마한 교회 사람들이 이어 받았으니 이들에게도 가족처럼 성실하고 진실하게 도와주기를 바란다.”

그는 10여 년 오래 같이 봉사했으니 이제 내가 떠나야만 되는 것 잘 알겠다고 했다. 내가 500달러를 꼭 쥐어주니 받지 않으려고 한다. 전에는 10달러만 쥐어 주어도 그렇게 좋아하던 그였는데. “왜 이런 것을….” 하며 서먹해 한다. 이것은 그간 10년 넘게 같이 일했던 ‘바하 힐링 미션’에서 주는 조그마한 우정의 표시라고 했다. 그의 굳은 표정, 충혈된 눈동자를 더 이상 똑바로 쳐다보지 못하고 고개를 숙여 버렸다. 방문을 열면서 “아마도 이곳 정들었던 아름다운 바다를 나는 다시 그리워 할 것이다. 언젠가 이를 보러 이곳을 자연인으로서 방문하게 될 거야.”라는 말을 뒤로 떠나왔다.

돌아오는 길 차창 밖의 정경들이 눈에는 쓸쓸하게만 비춰진다. 차분히 생각들을 정리해 본다. 그동안 쏟았던 에너지를 또 다시 갖지는 못할 것이다.

가을을 맞으면서 해가 저물기 전 하얀 뭉게구름을 붉게 물들이는 찬란한 노을과 아름답게 황혼을 장식할 시간들이 조금 남아있다. 앞으로 또 다른 세계가 기다리고 있다고 믿는다. 차에서 내려 가벼운 발걸음으로 얼마 전 손을 다친 아내가 기다리는 집으로 향했다.

로페즈와 전도

로페즈를 처음 만난 것은 15년 전이었다. 의료봉사에 나선 우리 차량이 멕시코 외딴 곳에서 진흙 웅덩이에 빠져 오도 가도 못하고 있을 때 그가 구해준 것이 인연이 되어 우리와 함께 일하게 되었다. 당시 22세 풋풋한 청년이었던 로페즈는 통역을 겸한 현지 자원봉사자로 우리와 15년을 보내는 동안 이제는 30대를 훌쩍 넘어섰다.

그는 LA에서 하이스쿨을 졸업했지만 멕시코로 되돌아와 살고 있다. 임금 수준도 높고 문명의 이기도 훨씬 더 누릴 수 있는 LA의 삶에 정녕 미련이 하나도 없다고 한다. "이곳은 인간관계가 훨씬 더 따듯하지요. 사람들 간에 정이 있거든요. 그래서 마음이 편해요."

그렇지만 오랜 LA 도시생활에서 저절로 익힌 영악함 같은 것도 그에게선 발견된다. 약삭빠르고 틈틈이 게으름을 부리기도 하고, 우리가 싣고 간 구호품을 슬쩍슬쩍 빼돌리기도 한다. 그럴 때마다 우린 못 본 척 눈을 감아 준다. 그의 영악함보다는 그의 가난이 더 크게 보이기 때문이다.

그의 마음 한편에 인간의 정을 소중히 여기는 순수함, 진창에 빠진 외국인의 차를 팔 걷어붙이고 꺼내 줄 만큼 모르는 사람에게 손을 내밀던 따뜻함을 기억하며 그의 잘못이 너무 커지지 않게 감독하고 가르치며 지내고 있다. 그의 착한 심성만이 언젠가는 생활의 전부가 될 수 있으리라고 믿고 바래본다.

10년 전 내가 다니는 교회에서 멕시코 선교지를 물색할 때 목사님과 20여 명의 각 부서 책임자들과 함께 멕시코 안내 여행에 나선 적이 있었다. 선교지로 정한 곳이 로페즈의 마을이었다. 그곳에서 며칠을 열심히, 그리고 조용히 봉사와 기도만으로 보낸 일행은 마지막 밤 바닷가 모래사장에 모닥불을 피워놓고 둘러앉아 각자의 느낌을 말하는 시간을

로페즈와 자원봉사자 바바라가 봉사의 현장에서 점심을 같이

봉사의 현장에서 작은 일에도 만족하며 감사해 하던 바바라에게서 많이 느끼고 배웠다.

가졌다.

그때 내 곁으로 다가온 로페즈가 낮은 소리로 내게 고해성사를 하듯 말했다. “그동안 여기에도 교회가 여러 개 들어와 세워졌어요. 그런데 교인 확보를 위해서인지 서로들 잡아당기고, 얼굴 붉히고…. 하여튼 난 마음에 안 들어 교회가 정말 싫었습니다.” 그러면서 조용히 봉사하는 이번 선교는 정말 마음이 끌린다면서 진지한 표정을 지었다. 그 후 지난 10년 간 변함없이 로페즈는 열심히 그 교회에 계속 다니고 있다. 이것이 진정한 전도였다.

로페즈의 ‘간증’ 들으며 마더 테레사의 선교 방향을 되새겨 보았다. 그녀가 이끌던 수도회는 설교, 개종 권유, 세례 등의 활동을 하지 말도록 아예 못 박아 놓았다. 그가 믿는 선교는 사랑의 봉사가 전부였다. 그는 함께 일하는 수녀들이 사랑에서 우러나는 돌봄을 통해서만 믿음을 증언하기 원했다. 증언이다. 말이 아니라 사는 모습, 행동을 통해 사람들의 마음에 가 닿는 것을 최선의 선교로 생각했을 것이다.

“나는 사라지고, 나를 통해 전해지는 참된 진리가, 내가 마음을 쏟았던 사람들 속에서 계속 빛나고 있으면 되는 것”이라고 했던 마더 테레사의 ‘증언’을 멕시코의 작은 마을 등으로 선교에 나서는 한인 교회들이 기억했으면 한다.

호세와
추수감사절

멕시코 의료봉사의 현장은 항상 눈코 뜰 새 없이 바쁘다. 환자는 줄을 서는데 일손이 딸려 봉사자들은 동동걸음을 친다. 두 달에 한 번씩 찾아오는 4박 5일의 일정이 끝나는 날은 그래도 첫 날보다는 좀 나은 편이다.

그 마지막 날 오후였다. 한 사내아이가 가슴을 움츠리고 쭈뼛쭈뼛 들어섰다. 어찌나 말랐는지 그냥 살짝 건드리기만 해도 휘청거리며 픽 쓰러질 것 같았다. 햇볕과 때에 절은 피부는 먼지의 입자가 겹겹이 쌓여있어 마치 횟가루를 뒤집어 씌워 놓은 것 같은 형상이었다. 퀭하니 움푹 패인 두 눈만이 온 얼굴을 차지하고 있었고 마른 목이 머리를 지탱하기도 힘든 모습이었다.

의사로서 이런 말을 한다는 것은 좀 어패가 있지만, 그 아이를 보는 순간 나는 섬뜩했다. 가슴이 찡한 불쌍함은 그 다음 차원이었다.

의사를 만났다는 안정감보다는 두려움과 불안이 가득한 눈길이었다. 아이인데도 머리카락까지 센 건지 바랜 건지 알 수 없을 정도로 부스스했고 끝은 갈라져서 손을 대면 바스러져 버릴 것 같았다.

이름은 호세이고, 나이는 열두 살이라고 했다. 열두 살이라고는 도저히 믿기지 않는 이제 겨우 예닐곱 살 정도밖에 안 돼 보였다. 호세의 첫마디에 나는 놀랐다.

"선생님 나는 곧 죽을 것만 같아요. 아니 분명히 죽을 거예요."

아이가 죽음의 공포에 떨고 있는 것이었다. 죽을병에 걸리지 않고서야 어떻게 이렇게 온 몸이 아플 수가 있겠느냐는 것이다. 오른쪽 어깨가 그리고 두 무릎이 너무나 아파서 밤새 한잠도 못 잘 지경이라고 했다.

해답은 간단했다. 흔히 말하는 극심

한 노동이 가져온 외상성 관절염이다. 아이는 집단 농장에서 노동을 하고 있었다. 아이가 하는 일은 먼지투성이인 망망한 황토 벌판 농장에서 나오는 잡다한 폐기물을 자루에 담아 어깨에 걸머지고 가서 부려놓고 또 와서 지고 가야하고…. 하루 온종일 무거운 짐을 지고 날라야 하는 것이 아이의 임무였다.

그날도 하루 일을 끝낸 다음에야 아픈 몸을 이끌고 진료실을 찾은 것이었다. 그것도 마지막 날 그의 일과가 끝난 어두컴컴한 저녁이 되어서야 말이다. 뼈와 가죽만 남은 어린 아이가 자신의 키보다도 더 큰 무거운 자루를 지고 땀을 뻘뻘 흘리면서 숨을 헐떡이며 걷고 있는 모습이 얼른 머리에 떠올랐다.

죽을병은 절대 아니라는 것을 먼저 일깨워주어야 했다. 어른들이 아이들에게 흔히 말하는, 너에겐 미래와 꿈이 있느니 어쩌니 하는 것은 호세에겐 진짜 꿈같은 얘기다. 신앙심을 가지고 성경을 가까이 하라는 그 단어 자체가 사치인 것이다. 죽지 않고 목숨을 부지할 수 있다는 것, 그것만이 호세에겐 미래이고 꿈일지도 모른다.

호세는 여덟 살 때부터 빵집에서 일을 했고 그 2년 후, 열 살 때 농장으로 일자리를 옮겼다고 한다. 물론 그들에게 학교에 간다는 것은 생각조차도 할 수 없는 현실이다. 빵집보다는 나은 품삯과 조금 성장된 체력이 농장 일을 해나갈 것 같아서 일자리를 옮긴 것이 이유의 전부였다.

한데 그 품삯이 아침부터 저녁까지 하루 종일 노동을 해도 고작 10달러에 불과하다. 그리고 그 10달러는 아버지한테 고스란히 갖다 바쳐야 한다. 멕시코 원주민인 인디오족인 그들에게는 아버지라는 존재는 절대적이다. 군주로서 군림하는 자리이다. 초콜릿 하나가 생겨도 우선 아버지한테 갖다 바쳐야 하는 것이 그들의 법칙이다.

진료를 끝낸 후 나는 다른 약과 함께 어린이 비타민을 호세에게 주었다. 여분으로 가지고 있어야 할 것까지 몽땅 다 싹싹 긁어서 주었다. 그러면서 이 비타민도 아이 차례가 돌아오지 못하고 아버지가 다 먹어치우면 어쩌나 하는 걱정이 생겼다.

나는 통역관한테 부탁했다. "이 비타민은 어른은 절대로 먹어서는 안 된다고, 잘못하면 목숨까지 잃을 수 있으니 어른이 먹어서는 큰일이 난다."고 아버지에게 알려주라고 통역을 하라고 했더니 통역관은 거짓말은 할 수 없다면서 씩 웃는다.

멕시코 의료봉사가 5년이 넘었다. 더러는 뭔가가 어긋나고 삐거덕거리는 일이 발생해 회의에 빠질 때도 있지만 '사람 사는 일이란 다 그런 것. 우리가 이에 적응해주고 동화되어야지.' 하고 생각하면 도리어 배우는 것도 많다.

일정을 마치고 집으로 돌아오기 위해 뒤처리를 하노라면 더러는 진료를 끝낸 환자들이 떠나지 않고 봉사자들을 도와주기도 한다. 짐을 실어주고 불을 비춰주고…. 봉사자들이 고맙다는 인사를 하며 너는 왜 이렇게 도와 주냐고 물으면 그들은 이렇게 말한다.

"당신네들은 하늘에서 온 사람들인데 이렇게라도 보답을 하고 싶습니다."

이 말 한마디에 항상 힘겨운 일정이었지만 힘이 되고 내게 감동과 일에 보람을 느끼게 한다.(진실로는 평범한 하나의 속인인데 하늘 운운하는 건 과찬이 아니겠는가?)

눈앞엔 온통 먼지투성이인 울퉁불퉁한 황톳길이 끝없이 펼쳐져 있다. 앞으로 아홉 시간을 달려야 LA에 도착한다. 나는 의자에 등을 기대고 눈을 감았다. 깊은 잠에 빠지고 싶은 심경인데도 좀처럼 잠이 들지 않는다. 호세의 모습이 자꾸만 눈에 밟히기 때문이다. 생각을 떨쳐버리려고 머리를 세차게 흔들어 보았다.

그러나 호세는 커다란 자루를 걸머지고 가냘픈 다리로 비틀거리며 황톳길을 걷고 있었다. 먼지를 잔뜩 뒤집어 쓴 모습이 그냥 먼지로 산화되어 막막한 하늘 속으로 흩어져버릴 것만 같다. 숨을 헐떡이는 아이의 가슴이 눈앞에 크게 클로즈업 된다. 청진기는 가방 속에 깊숙이 자리하고 있는데도 점점 빨라지는 아이의 맥박 소리가 귓전에서 들렸다.

추수감사절을 누릴 자격이 이는 이들, 이의 의미도 느낄 여유도 없이 살아가고 있는 이들이다.

여러분들이 손수 오피스까지 걸어와 격려와 함께 모아준 정성 (김규현 소아과의 $1,000어치의 아동용 비타민, 임익선 씨가 장만해준 내복 100벌, Scout 윤 씨가 전해 달라는 새 옷 한 상자, 송영상 목사님이 애들 끓여주라고 준 라면 200개)을 가지고 이 추수감사절, 이들과 함께 같이 느끼며, 감사드리며 도네이션 한분들의 정성이 이들에게 제대로 전해보려고 우리 대원 모두가 노력하며 돌아왔다.

후회 속의 만남

파도소리만 밤의 적막을 깨는 바하 멕시코 샌퀸틴 바닷가였다. 타오르는 모닥불이 추위를 녹여주고, 그 불빛이 어둠을 밝혀준다. 두 멕시코 원주민 청년이 불쑥 찾아왔다. 불빛에 비추어진 두 얼굴에서 15년 전의 추억이 떠오른다.

당시 그들은 11살 소년 엔리께와 그의 6살짜리 조카였다. 그들은 인가에서 3마일 떨어져 있는 외딴 바닷가에 한 채밖에 없는 덩그런 오두막집의 방 하나에 기거하고 있었다. 그 집 바로 옆 캠프장에 묵던 나는 텐트에서 나와 시내병원으로 가던 중이었다. 바닷가 모래사장을 걸어 학교로 향하던 아이들이 시야에 들어왔다. 엔리께는 어린 조카들과 동생들을 데리고 일주일에 이틀만 한 학년밖에 없는 교실을 5년간을 반복해 다니던 소년이었다.

그 날 아침은 엔리께에게 특별한 날이었다. 전날 밤 우리로부터 전해 받은 책가방(백팩)을 등에 메고 콧노래를 부르는 상쾌한 가벼운 발걸음으로 등교하는 시간이었을 것이다. 급우들의 가방을 쳐다만

불쑥 밤중에 찾아온 엔리케와 그의 조카 에힐리오.

처음 가져본 가방을 매고 조카 4명을 데리고
아침에 3마일 걸어서 마을 학교로 가고 있었다.

보고 부러워하던 그에겐 나도 가방을 가졌다는 자랑스러운 날이었고 그런 엔리께를 본 내겐 뿌듯한 날이었다. 어린 나이에 게으른 아버지를 돕느라고 집안일에 더해 바다에 나가 조개를 캐고 가재를 잡아 불평 않고 묵묵히 가족의 생계를 꾸려가고 있었다. 어깨는 무거웠지만 티 없이 맑고 수줍음을 타는 무공해 소년이었다.

순수함과 측은함에 그의 생활에 관심을 갖게 된 나는 몇 번의 만남 속에서 그에게 무엇인가 손에 쥐어주고 싶었다. 그가 갖고 싶은 것이 학교에서 쓰는 백팩이라는 것을 알게 된 나는 딸과 아들이 썼던, 그래서 벽장 구석에서 잊혀져 있었던 그 백팩을 가져 다 준 것이다.(우리가 보관하고 있을 이유가 없는 물건들이다.)

상대적 풍부함 속에 하찮게 여기는 우리의 잔 부스러기 하나가 지구의 한편에서는 기쁨이었고, 요긴할 수 있다는 것을 새삼 느꼈다. 난 그에게 아버지와 똑같은 운명을 반복하지 말라고, 배우면 가난을 벗어날 수 있다고 충고하곤 했다. 그의 아버지와 장성한 형에게도 설명했다. 그날그날의 날씨 속에 파도와 하늘을 쳐다보며 생계를 걱정하였고 아들이 그렇게 가지고 싶어 했던 자전거를 선물로 받은 그 날에도 자전거를 집에 놓아두고 생계를 위해 조개와 가재를 잡으러 바닷가로 나가야만 했다. 일이 끝난 밤 10시에 돌아와서 캄캄한 바닷가에서 쉴 새 없이 그의 처음 타보는 자전거 소리를 우리는 텐트에서 잠자다가 깨어 들어야 했다. 순수한 동심을 읽으면서 마음속에는 측은함이 들었다.

그들 가족을 설득하여 2년 동안 엔리께가 30마일 떨어진 시내의 중학교를 다니는데 후원해 주었다. 방문 때마다 학교를 잘 다니고 있는지 체크했지만 엔리께는 형편상 학교를 더 다니지 못했고 나도 멀리 떨어진 곳에서 의료봉사를 하느라 더 이상 관심을 갖지 못했다. 몇 년 후 그가 시내로 나와 공사장과 정비소 등에서 막일을 하고 있다는 소식이 들려왔다. 확인 안 된 주위 소문으로는 마리화나도 피웠다고 했다.

오늘 그가 10년 만에 그 조카와 함께 불쑥 나를 찾아온 것이다. 모닥불 앞에서 통나무에 셋이 나란히 앉아 우린 지난 추억들을 나누었다. 같이 게, 가재, 문어 등을 잡던 일, 갯바닥에서 동네 아이들과 야구라는 것을 처음 배우던 일…. 시내에서 하던 막일에도 지치고 결혼생활도 이혼으로 끝났다는 그는 어린 시절을 보낸 이곳으로 돌아와 다시 조개와 가재를 잡아 생계를 꾸린다고 했다. 요즈음은 해산물도 많이 줄었다고 말하는 그의 거칠어진 얼굴엔 생계의 걱정 표정이 역력하다. 그날도 온종일 채집한 조개가 30여 개뿐이 안 되지만 우리에게 주고 싶어 했다. 오늘 밤 떠날 때 깜깜한 밤길을 안내해 주겠다면서 지금은 힘도 세어져 차가 설령 수렁에 빠져도 건져 줄 수 있으니 걱정 말라고도 했다. 10년 우정에 대한 감사의 표시였으리라.

한밤중, 그는 우리가 지나갈 외딴 길가에 자기 차를 세워놓고 나와서 기다리고 있었고 우린 그의 안내로 무사히 깜깜한 외딴 오지를 빠져나왔다. 안내 후 차 밖으로 나와 행운을 그리고 신의 가호를 빈다는 그의 말에 다시 그곳을 방문할 것이라고 약속했다.

어둠을 헤쳐 나오는 차 속에서 그에게 고향 바닷가의 맑고 푸른 바닷물에 그간 도시에서 묻은 물감이 씻겨지고 파도거품처럼 강하고 싱싱한 하얀 마음으로 가득 채워지기를 기도했다. 다시 예전의 순수한 티 없는 소년으로 생활하기를 바래본다.

우리 인생에는 3가지 후회가 있다고 한다. 좀 더 참을 걸, 좀 더 즐길 걸, 좀 더 베풀 걸, 조금 더 신경을 쏟았어도, 조금 더 베풀었어도, 약간의 보탬만 더 계속했었어도, 그를 다시 원점으로 돌려보내지 않았을 그런 아쉬운 세월 속의 후회가 바닷바람처럼 지금도 머릿속을 스치며 지나간다.

분노와 용서

바하 캘리포니아 12시간의 장거리 운전 후는 몸이 지친다. 전에는 다음 날의 달콤한 휴식으로 피로가 항상 회복되었다. 그러나 이번에는 '아니, 어떻게 두 번씩이나 생명의 위험까지?' 하는 분노로 좀처럼 피로가 풀리지 않는다. 부당한 피해와 생명의 위험성까지 있었던 것이 억울하고 분했던 것이다.

항상 해오던 평소처럼 출발 전날 차량 점검 시 트럭의 미세한 흔들리는 승차감에 김 선생님의 단골 차량 정비소를 찾아갔다. 그는 의료봉사에 쓰이는 차량의 점검, 기구 수리 등을 16년간 무료로 말없이 맡아 주었다. 내가 못하는 커다란 짐을 기꺼이 짊어졌던 봉사의 공로자이다. 금년 은퇴는 했으나 그간의 인연으로 지금도 좋은 이웃으로 신실하고 과묵한 분이다.

그의 직원 칼로스에게 자세한 점검을 부탁했다. 점검 결과 는 장거리 운전에 아무 이상 없을 것이란다.

아침 출발하기에 앞서서 재차 확인하고는 405고속도로에서 달리고 있었다. 출발한 지 한 시간여 만에 뒷바퀴가 찢어져 나가는 사고를 당했으나 다행히 뒤에 달린 무거운 트레일러 덕에 차량 전복은 면했다. 어찌어찌 스페어타이어로 갈고 다시 달렸다. 그런데 30분여 만에 또 앞바퀴가 찢어져 나가는 게 아닌가.

이제는 스페어타이어도 없다. 특수 토잉 트럭에 끌려 특수 트럭 타이어를 파는 가게를 우여곡절 끝에 겨우 찾아 바퀴 4개를 동일종으로 다 바꾸어야만 했다. 승용차와는 달리 트럭 타이어 교체시 엔 전기드릴로 나사를 조이고 그 후에도 사람의 팔 힘으로 다시 꼭 조여야 한다는 원칙을 몰랐던 게 원인이었다. 조여진 나사가 타이어의 흔들림이 찢어지는 이유가 되었다.

이번의 일은 일전의 다른 사고까지 겹쳐 떠오르며 나의 분노를 가중시켰다. 히치(트레일러와 트럭 연결시키는 쇠붙이)에 나사를 박고 나서 용접해야 한다. 그런데 용접에 대한 경험부족으로 그냥 용접만 해서 트럭 본체와 트레일러가 복잡한 저녁 405고속도로 선상에서 달리는 도중 떨어져 나가 불꽃을 튀기며 각각 질주를 한 것이다. 자칫 대형 사고로 이어질 뻔한 아찔한 사고였다.

그때 그 다음날 정비공장 앞에서는 밸리의 몇몇 친구들이 김 선생에게 "너의 경험 부족으로 용접을 제대로 못해 사고가 나서 DR.최가 파산 당할 뻔하고 생명까지 위험할 뻔 했다."라고 항의를 했고 김 선생님은 고개만 떨구고 있었다. 내가 "우리 주위에는 한 번도 도움은커녕 눈길도 안 주던 사람들은 아무 말도 안 듣고, 도움의 손길을 내밀어 주었던 사람은 도와주는 과정 중에 전부 만족을 시켜줄 수 없는 속성상 결국은 비난을 받는 경우를 종종 보는데 누가 진실한 나의 이웃입니까?"라고 당돌할 정도로 김 선생을 옹호했고 그제야 주위 사람들은 입을 다물었다.

그러나 이번에 당한 사고는 나의 분노가 쉽게 가라앉지 않았다. 그러다가 문득 "분노는 산(acid)과 같아서 쏟아 부은 곳보다 담아둔 그릇에 더 큰 피해를 입힐 수도 있다."라고 한 마크 트웨인의 말이 떠올랐다. 또 용서라는 해결책이 있다는 것도 생각이 났다.

이를 위해서는 나의 내면과 대화부터 시작해야 했다. 무료로 아까운 시간을 내어 도와주는 선한 사마리아인으로만 기억하자. "씨앗을 골라 물주기"라는 말에서 우리 마음을 밭에 비유한다. 그 밭에는 기쁨, 사랑, 즐거움, 감사 같은 긍정적인 씨앗과 부정적인 씨앗의 미움, 부정, 짜증, 분노 같은 것이 있다. 골라서 긍정의 씨앗에 물을 주기 위하여서는 마음의 정지 작업으로 자기 암시와 명상을 통해 분노를 해체시킬 우리의 에고(ego)를 제거하는 것이다. 그리고 뿌리를 내릴 수 있도록 도움될 행동부터 시작한다.

칼로스에게 만나자고 전화를 했다. 유명했던 밴너이스 도넛 한 상자를 사들었다.

“사고는 터졌으나 큰 피해는 없었다. 앞으로 차량점검에 더욱 신경을 써 주기를 바란다. 너는 최선을 다한 것으로 알고 있다. 이 감사의 도넛 한 상자를 맛있게 먹고 도넛이 다 없어질 때부터 새로운 다시 시작이다.” 미안하여 어쩔 줄 모르며 고개를 숙이고 있던 칼로스가 고개를 들고는 환하게 미소를 지었다. 놀라운 일은 그 순간, 나의 분노가 동시에 눈 녹듯이 녹고 마음이 한없이 자유로워지고 있었다.

이후로 수년간 칼로스는 변함없이 철두철미하게 차량 점검과 수리를 해 주었다. 큰 교훈을 터득했다. 용서로 치유 받는 최초의, 유일한 사람은 바로 용서하는 자이고 용서에는 치유하는 능력이 있다는 것을.

한 해가 저물고 있다. 한 해의 수레바퀴를 또 돌렸다. 어찌 흙탕물을 한 방울도 우리 몸과 주위에 튀기지 않을 수 있을까. 마음에 묻은 흙탕물이 이 해가 가기 전 용서로 다 씻어질 수 있다면 우리 마음의 창고 속에는 아름다운 추억과 정겨운 사람들만 남게 될 것이다.

용서는 신과 사랑과 행복에 이르는 징검다리라고 했다. 이 연말에 서로의 용서로, 새해에는 사랑과 행복과 신에 연결될 히치가 되었으면 하는 바람 속에 금년 12월의 달력을 떼어낸다.

감사하는 마음

늦가을의 들녘은 황량하다. 찬바람에 황토 흙이 휘날리는 허허벌판, 농토에서 마지막 열매를 거두어 몽땅 농장주에게 넘겨준 그들은 지친 몸으로 가족들이 기다리는 집으로 돌아온다. 흙일에 터지고 거칠어진 손과 나누는 악수는 따뜻하다. 그러나 굶주린 가족들에게 줄 것을 마련 못한 빈손이다.

그 빈손이 눈에 밟혀 벌써 10여 년째 우리는 매년 추수감사절이면 9시간을 달려 멕시코의 농촌 샌퀸틴을 찾아간다. '추수감사'를 생각할 겨를도 없이 겨울이 오기 전 따뜻한 곳으로 일감을 찾아 떠나야 하는 그들에게 추수감사의 기쁨을 나눠주고 싶어서다. 아니, 어쩌면 그들이 추수의 감사를 받아야할 것 같아서다.

이곳 원주민들을 위한 의료선교 〈바하 힐링 미션〉을 시작한 지도 벌써 13년이 지났다. 그런데 금년은 좀 특별했다. 한 가지는 한국에서온 의대 동기 부부가 합류한 일이다. 연대의대 교수이며 세브란스 병원 부원장인 친구 부부가 이 의료봉사 참여를 위해 그 바쁜 일정을 쪼개 일부러 날아와 준 것이다.

또 하나는 고향 멕시코시티로 돌아가는 현지 자원봉사자 알프레도와의 작별이다. 그를 처음 만난 것은 10년 전, 하얀 피부에 키가 훤칠한 20대 청년이 유창한 영어로 봉사를 자원했다. 현장에서 원주민들의 사정을 알려주고 통역을 담당한 지 2년쯤 지난 어느 날 그가 말했다. "편하게, 내 자신만을 위해 그럭저럭 살았는데 이렇게 누군가를 도울 수 있는 기회가 주어져 너무 기쁩니다. 정말 감사합니다."

우린 보통 두 달에 한 번 그곳을 방문해 주민들을 진찰한다. 그러나 가끔은 자주 돌보아야 하는 환자도 생긴다. 그때마다 자신의 고물차로 근처 보건소로

환자들을 데려가 그 뒷마무리를 기꺼이 맡아 준 것이 알프레도였다.

작년 여름 쇄골이 부러진 채 방치해 왼쪽 팔을 못 쓰던 할머니의 경우도 그랬다. 진찰해 준 다음날 떠나야 했던 우리는 알프레도에게 200달러를 맡기고 통원 치료를 당부했다. 부지런히 병원을 오간 알프레도의 정성으로 할머니의 팔은 완쾌되었다. 추수감사절에 우리 봉사현장을 찾아와 감사하는 할머니에게 감사는 우리가 아닌 알프레도가 받아야 한다고 말했다. 수줍게 웃는 알프레도의 얼굴은 노력한

사람만이 갖는 보람으로 환하게 빛났다. 교회를 다니지는 않지만 언제나 그는 자신은 크리스천이라고 말한다. 나도 그가 '참 크리스천'이라고 생각한다.

금년 추수감사절에도 의료봉사를 마친 우리는 LA의 한 고마운 이웃이 준비해 준 갈비로 저녁상을 차렸다. 갈비는 이곳 주민들이 가장 기대하는 인기 메뉴다. 한국에서 온 친구는 한국어로, 이어서 알프레도는 스패니시로 감사기도를 드렸다. 서로가 이해 못하는 언어였지만 절대자를 향한 간절한 염원은 그 절절한 어조만으로 모두의 마음에 닿은 듯했다.

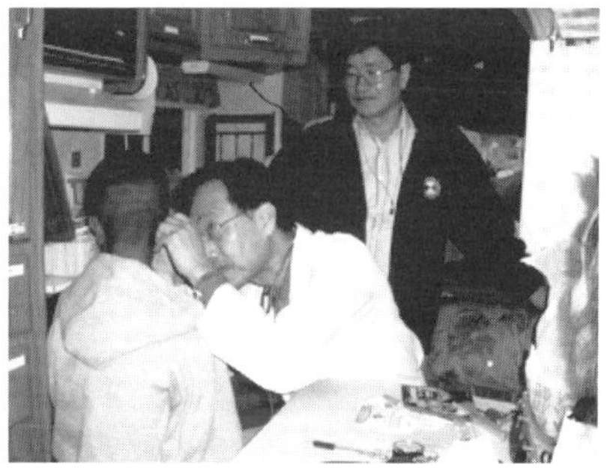

누가 이런 이야기를 했다.

"먹지도 씻지도 못한 채 길에 쓰러진 사람을 누가 집으로 데려갔다고 합니다. 밥 한 그릇을 주었지요. '아, 이게 밥입니까…. 감사합니다.'라고 말한 그는 밥을 먹지도 못하고 숨을 거두었습니다.

그런데 그 얼굴이 한없이 평화롭게 보였답니다."

가난하고 누추하지만 감사할 줄 아는 영혼과 자신들만의 화려한 성에 들어앉아 천국과 극락의 모든 복을 달라고 청하는 사람들…. 당신이 신이라면 누구의 손을 잡아줄 것인가.

금년에도 우리는 가난한 그곳에서 감사하는 마음의 참뜻을 다시 한 번 배우고 돌아왔다.

왜 내게만 궂은일을?

— 의료선교현장에서 만난 숨은 봉사자들

남을 위해 봉사한다는 일은 언제나 순조롭게 계획대로 준비도 되지 않고 진행되지도 않는다. 많은 경우가 그러했듯이 같이 동행할 일행을 구하기도 쉽지가 않아 요번에도 소아과 전문의 김규현 씨와 단둘이서만 떠나게 되었다.

여럿이 함께 해도 일손이 부족했는데, 이번은 더 열악한 것이지만 꼭 현지에서 뜻밖에 봉사자가 생기곤 했던 경험에서 자신감을 가지고 먼 길을 떠났다. 또한 현지에서 성경을 가르치는 늙으신 할머니와 그간 사귀어 놓은 혈기왕성한 3명의 멕시코 청년이 동참하기로 약속해 놓았으니 아쉬운 대로 일을 진행할 수 있을 것 같다.

도착하여 일을 시작한 첫날부터 집단농장(campo)에서 각자가 맡은 역할로 바쁘게들 움직였다. 빈 공간을 영화관으로 변형시켜 화면, 음향, 좌석 등을 설치해야 하고, 전기와 수도가 없으니 발전기를 돌릴 준비도 해야 했다. 한편으로는 좌판을 만들어 가지고 간 생활용품, 의류품, 비타민, 식품류를 분류하고 정리하여 각자에게 나눠줄 준비를 하고, 다른 한편으로는 몇 백 명이 먹을 라면을 끓이기 위해 화로에 불을 지피고 물을 길어 오는 등 허허벌판에서 무척 바삐들 돌아가고 있었다.

그런데 이처럼 바쁘게 돌아가 손길이 모자라는 현장에 젊은 백인 처녀 한 명이 야전복을 입고 내 앞에 나타난 것이다. 우리가 일손이 부족하다고 마을사람으로부터 전해 듣고 달려 왔단다.

그녀는 이곳 기독교병원의 지붕이 비에 샌다고 하여 보수공사를 하러 자원봉사로 온 처녀인데 이름이 타마라(Tamara)라고 소개를 한다. 하와이에서 앰뷸런스로 환자를 수송하는 일을 하고 있단다.

일손이 크게 딸리던 참이라 잘 되었다 싶어 첫 번 임무로 진찰실로 개조된 트레일러 바닥을 걸레로 깨끗이 닦고 정리해 줄 것을 부탁했다. 진찰실 바닥은 흙범벅에 엎질러진 물통, 약품 등이 제멋대로 뒤엉켜 엉망진창이었다.

그 일이 끝난 후에는 가지고간 장난감, 의류품, 장신구, 초콜릿, 사탕 등을 아이들에게 나눠줄 것을 부탁했다. 나눠주되 손에서 손으로 전해지는 친절과 사랑으로 직접 전해 주어야 한다고 충고하는 것 또한 잊지 않았다.

우리가 가지고 간 M&M 초콜릿 100봉지는 각자 한 봉지씩 주기에는 턱없이 부족하여, 반 봉지씩 나누어 줘야 했다. 수많은 아이들의 높이 치켜든 때 묻은 손들과 아우성(?) 속에서 나누어 주는 즐거움도 있었겠지만, 밀어닥치는 아이들 때문에 타마라는 떠밀리며 힘든 시간을 가졌으리라.

아픈 환자들의 진료도 끝나고, 한편에선 3번째 영화가 상영되고 있었다. 200여 명의 컵라면 식사가 거의 끝났을 때는 이미 어둠이 짙게 깔린 9시경이었다. 갑자기 밀려오는 허기를 느끼며 우리 일행들도 라면을 같이 끓여 먹기 시작했다. 타마라는 생전 처음 라면을, 그것도 캄캄한 벌판에 서서 먹어본다고 했다.

그녀는 라면을 먹으면서 그때까지 일들이 바빠서 못한 개인적인 이야기들을 내게 하기 시작했다.

"왜 하나뿐인 백인 처녀에게 궂은 일(Dirty Job)만 시키느냐? 진료실 바닥

걸레질도 그렇고, 모자라는 초콜릿을 나눠주느라고 아이들에게 엄청난 시달림을 겪었다.”

그러나 말은 그렇게 하면서도 불만의 표정보다는 만족의 미소가 얼굴을 가득 채우고 있었다.

“당신은 우리 모두를 ‘코리언 패밀리’로 만들려고 작정했느냐? 왜 우리에게도 한국 음식을 먹이느냐?”

“이렇게 식사를 같이 나누는 것이 진정한 가족 같은 느낌의 시작”이라고 나는 웃으면서 대답해 주었다.

타마라는 어릴 적의 꿈이 비행기 파일럿이 되어 남미 같은 오지에서 병든 환자를 수송하는 의료선교를 하는 것이었단다. 그 꿈을 이루기 위해 공군사관 학교에 들어갔으나, 콜로라도에서 비행 훈련 중 안타깝게도 신체적 결격사항이 생겨 퇴교하는 바람에 꿈을 접을 수밖에 없었고, 지금은 하와이에서 긴급구조요원(Paramedic)으로 일한다고 했다.

그 다음 날은 다른 곳에서 함께 일하게 되었다.

그 날은 지붕 보수공사 자원봉사팀의 일원인 40대의 백인 남자 빌(Bill)도 같이 봉사에 합류했다. 빌은 멕시코 센퀸틴에 처음 왔는데 하나님이 이곳으로 가라고 자기에게 직접 전화를 하셨다고 했다. 그래서 살고 있는 워싱턴주에서 20시간이 넘게 혼자서 차를 몰고 이곳까지 와서 지붕 보수공사를 하다가, 우리가 일손이 부족하다는 말을 듣고 도와주러 왔다는 것이었다.

빌의 진지한 태도, 박식한 성경 지식, 그리고 돈독한 신앙심에 감탄한 나는 현지 멕시코 통역관을 그에 붙여주고 각 집마다 돌아다니며 성경말씀을 전해주라고 부탁했다.

떠나기 전날 저녁은 우리와 같이 봉사하고 있는 현지인인 멕시코 청년 로페즈(Lopez)의 아들 돌 잔칫날이었다. 로페즈는 부인이 해산한 지 2달 만에 가출해버려 혼자서 아이를 키우고 있었다. 우리 일행은 로페즈를 위로하고 아들의 돌잔치를 축하해 주러 생일 케이크와 선물을 사들고 갔다.

거기서 타마라와 좀 더 많은 대화를 가졌다.

그녀는 이곳의 지붕 공사가 끝나는 대로 캄보디아, 버마로 떠날 예정이라고 한다. 그곳은 현재 정부군과 게릴라군이 전쟁 중이라서 계속되는 폭격과 총탄 속에 밀림에 사는 주민들이 많이 죽고 다치고 있는데 치료나 후송 대책은 전혀 없는 실정이라고 한다. 캄보디아 정부의 반대와 미국 정부의 무관심, 비협조 속에서 이들은 정부의 도움 없이 자기들이 스스로 경비를 마련하고 환자수송팀을 짜서 원주민들을 보살피러 따난다는 것이다.

전쟁의 화염 속, 위험한 곳으로 딸을 보내는 부모님의 심정은 어떻겠느냐고 물으니, “이런 형편을 알면 어느 부모가 허락을 해주겠는가? 아시면 너무 가슴 아파할 것이고 그렇지만 누군가는 이 일을 해야 되지 않겠는가? 타주에 계신 부모님께는 그냥 하와이에 잘 있다고 전화한다."고 대답한다.

LA 로 돌아오는 날은 비가 쉬지 않고 내리고 있었다. 운전하면서 문득 문득 타마라를 생각했다. 헤어지면서 그녀에게 해준 "God Bless you!"란 말이 자꾸 떠오른다.

내가 누구에게도 한 번도 입 밖에 내보지 않았던 말 'God' 이라든지 'bless'라는 종교적인 말을 거침없이 했으니 말이다.

이 말 자체가 어색하게 느낀 것은 아마도 내가 신앙심이 부족하기 때문이었으리라.

오는 길이 장마로 침수되고 끊어지곤 하여 11시간도 넘게 걸린 고된 운전이었지만, 그들이 나타내 보이지 않고 하는 일에 비하면 내가 하는 일은 너무 쉽고 큰 희생도 없어 진정의 의미로 '봉사'라는 단어를 붙이는 것 자체가 부끄러워졌다. 이런 생각이 몸과 마음의 하찮은 피로를 말끔히 씻어준다 .

이번 일정도 많은 따뜻함과 좋은 것을 느낀 뿌듯하고 감사한 시간이었다.

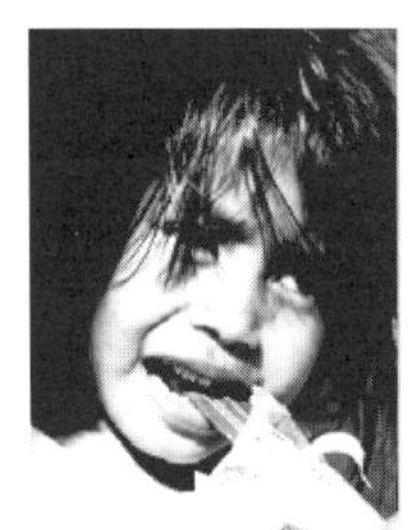

30년 지속된
어느 감사의 마음

의료봉사를 마치고 돌아오던 13시간의 긴 운전길, 포드 트럭의 커다란 차창 밖으로 스쳐가는 경치를 바라보던 젊은 화가가 아버지의 이야기를 들려줄 수 있느냐고 내게 물었다. 이번 봉사에 특별 손님으로 동행한 그는 추상화가였던 자기 아버지의 마지막 날들을 자세히 듣고 싶어 했다.

그의 아버지는 서울에서 최고 명문대 회화과를 졸업하고 유학 와 캔사스주립대 미술대학원에서 미술을 전공하고 LA에 정착했던 전도양양한 젊은 화가였다. 예술에 대한 이해가 깊은 부인, 그리고 어린 아들과 함께 LA에서 희망찬 새 생활을 시작하려는 그를 내가 처음 만난 건 1980년대 초였다.

그런데 그의 젊은 얼굴엔 이미 병색이 깊게 드리워져 있었다. 악성 임파선암 진단을 받은 그는 올리브 카운티 병원에서 힘겨운 투병을 시작했다. 학생 때부터 미술에 관심이 많았던 내게 그는 환자이기에 앞서 너무나 아까운 '화가'로 나를 안타깝게만 했다.

투병생활 중에도 예술에 대한 그의 열정은 시들지 않았다. 아니 오히려 더욱 붓을 놓지 않고 예술혼을 불태웠다. 건강으로 인한 미래의 불확실성이 예술의 확실성, 아니 영원성에 대한 믿음을 강하게 하는 듯이 그는 입원과 퇴원을 반복하는 중에도 계속 그림을 그렸다.

꾸준히 준비해온 작품들로 첫 전시회를 열 수 있게 된 무렵, 그의 골수는 거의 파괴된 상태였다. 퇴원은 이제 불가능한 상황이었고 그는 '버블 보이'처럼 격리치료를 받아야 했다.

그는 자신의 마지막 열정을 다 바친 전시회의 리셉션에 꼭 참석하고 싶어 했다. 부인의 요청으로 병원에선 미팅이 소집되었다. 내과에서, 암, 혈액, 세균학에 이르기까지 각과 전문의들이 한 자리에 모인 합동회의였다. 긴 회의 끝에 그들은 "이 젊은 예술가의 생과 삶의 가치, 보람이 바로 그의 작품이고, 전부이니 생명이 며칠 단축되더라도 리셉션에 참석시켜야 한다."는 결론을 내렸다. 한 가지 조건을 달았다. 리셉션에 동반할 의사를 구해야 허가해 준다는 것이었다.

그 결정을 전하는 부인의 얼굴에서 나는 동반을 청하는 부탁을 읽을 수 있었다. 냉정한 의학의 세계에서 인간적인 결정을 내려준 미국 전문의들에게 고마워하면서 내 쪽에서 동행을 제안했다.

리셉션이 끝날 즈음, 5살짜리 아들(이번 의료봉사에 함께 갔던 젊은 화가)이 아빠의 뺨에 입을 맞추며 "아빠, 오늘은 집에 가서 자는 거지? 나랑 밥도 먹자."고 졸랐다. 곁에서 지켜보는 내게도 눈물겨운 장면이었다. 아마도 가슴이 찢어졌을 젊은 아빠는 "병원으로 다시 격리되기 전에 가족과 함께 밥을 먹어도 될까요?"라고 물었다. 의사의 의무에 어긋난다 해도 그 간절한 눈빛을 안 들어 줄 수가 없었다.

젊은 화가의 아들이 그려준 나의 모습

봉사의 현장에서 화가와 문인 김문희 씨

자신의 짧은 삶을 작품들로 가족에게 남겨놓은 그는 며칠 후 병원에서 세상을 떠났다.

그로부터 20년이 흐른 어느 날, 한 장의 편지를 받았다.

"아버지의 그림 속에서 아들이 잘 자라 아버지와 같은 예술의 길을 택했다."는 소식을 전하며 전시회 리셉션에 동반해 준 것을 거듭 감사하다고 마무리한 그의 부인으로부터 온 편지였다.

또 10년이 흐른 올해 그 부인에게서 다시 한 장의 편지를 받았는데 화가가 된 아들의 첫 전시회 리셉션 초청장이 함께 들어 있었다. 이번 개인전이 아버지에 대한 슬픔을 어떤 형태로든 위로할 수 있을 것이라며 참석을 당부했다. 그 편지 역시 30년 전의 동반을 다시 한 번 감사드린다는 말로 맺고 있었다.

아들의 그림 속엔 바다와 낚시가 많았다. 15년 전 바다와 낚시가 좋아 멕시코 바닷가를 찾아갔다가 그곳 주민들의 열악한 환경에 자극을 받아 의료봉사를 시작하게 된 나 자신의 경험을 떠올리며 그에게 한번 동행할 것을 권유했다.

나의 긴 이야기를 듣고 난 젊은 화가는 낮게 잠긴 목소리로 아버지와 마지막 저녁을 먹을 수 있도록 배려해 준 것을 감사드린다고 말했다.

오래 전 단 하루 저녁 동반에 30년간 변함없이 감사의 마음을 간직하고 있는 가정에서 자란 아들을 난 흐뭇한 마음으로 바라보았다. 그리고는 그날 아버지의 이야기를 들으며 다시 차오르던 그 감사의 마음이 봉사의 현장에서 본 주민들처럼 어려운 이웃에게 따뜻한 도움으로 이어지기를 속으로 기원했다.

고 이수연 회원의 명복을 빌며

9년 가까이 〈바하 힐링 미션〉에 함께 한 봉사 동역자로서, 지난 4월 췌장암 진단 때부터 11월까지의 힘든 투병생활을 지켜본 주치의로서, 그리고 고인의 생각과 생활을 공유했던 친구로서, 또한 그가 항상 불렀던 10년 손위의 형님으로서 경건하고 진실된 마음으로 이수연 님에게 마지막 작별인사를 드리려 합니다.

지금으로부터 11년 전으로 거슬러 올라갑니다.

바다를 그렇게 좋아하는 저에게 바다다운 멋진 바다를 한번 보여주겠다면서 멕시코 샌퀀틴 해변가로 저를 데리고 갔습니다. 지금 회상해 보면 샌퀀틴에서 10년 가까이 봉사하게 된 것도 이수연 님이 맺어준 하나의 인연이었다고 생각됩니다.

처음 1년은 틈틈이 일행들과 그곳을 찾아 텐트에서 한솥밥을 먹으면서 낮에는 낚시, 밤에는 눈부신 은하수 밑 바닷가에서 모닥불을 피워놓고 잠들 때까지 삶의 모든 것을 이야기하곤 했습니다.

이때 내가 느낀 고인의 성품은 진실하고, 정직하고 겸손한 사람이었습니다. 양심에 거리낌이 없으면 행동의 굴곡이 없고, 자기의 이해타산을 떠나 실천하는 그런 사람이었습니다.

건장하고 말수가 별로 없는 과묵한 성격이었으나, 소년 같은 순진한 웃음으로 우리의 일을 도와주곤 했습니다.

생업인 힘든 건축일과를 마친 후에는 그 피곤을 가족을 쳐다보고 어울리는 것으로 만족해하는 가장이었습니다. 고인은 가끔 나에게 자기 가족의 소중함, 사랑스러움을 이야기하곤 했습니다. 그러나 과묵한 성격 탓으로 이 마음을 식구나 이웃에게는 잘 표현을 안 했던 것 같습니다. 정직은 외로운 섬, 진실은 젖지 않는 고독이라는 표현이 딱 어울리는 변치 않는 그런 그의 삶이었습니다.

낚시가 인연이 되어 샌틴퀸에서 우리 〈바하 힐링 미션〉은 봉사활동을 시작했고, 고인의 일행은 계속 캠핑과 낚시를 하곤 했지요.

지금으로부터 9년 전 봉사활동의 초창기에는 일손과 장비 등이 무척 부족해서 봉사활동이 열악했습니다. 일손이 너무 부족하여 하루만 도와달라는 내 부탁에 고인은 유일한 취미이며 여가 활동인 낚싯대를 접고 봉사의 현장에서 같이 땀 흘렸습니다.

봉사가 끝나가는 저녁, 그는 지친 몸으로 황토흙 위 바윗돌에 걸터앉아 지나가는 나를 붙잡고 "인간이 이렇게도 사는 수가 있군요. 모두 버려진 사람들 같아요.”라고 탄식하면서, 붉게 노을 진 하늘 위로 흰 담배연기만 계속 뿜어대고 있었습니다.

버려진 사람들의 애처로운 생활환경을 보고 측은한 감정과 허무한 마음 상태를 노을 진 하늘에 부서지는 흰 담배연기로 표현했던 것입니다. 사람이 외로울 땐 바다가 그리워지고, 힘들 땐 어머니를 찾고, 허무할 때는 하늘을 우러러보게 된다는 말처럼…

이후로 그는 우리 봉사활동에 적극적으로 깊게 관여해 왔습니다. 봉사에 따른 힘들고 궂은 일, 예를 들어 대원들의 음식 장만 및 요리, 장비 수리, 장거리 트럭 운전 등등을 도맡아서 하곤 하여 우리 모든 〈바하 힐링 미션〉 회원과 가족들로부터 항상 따뜻한 사랑을 받게 되었습니다.

특히 초창기에 같이 가기로 했던 사람들이 개인 사정으로 취소하는 바람에 저 혼자 떠나게 된 적이 3번 있었는데, 그때마다 고인은 자기의 생업을 제쳐 두고 즉석에서 동참하여 말없이 도와주고 즐거운 마음으로 돌아오곤 했습니다.

처음 한 번의 봉사현장에서 느낀 감정을 행동으로 승화시켜, 9년이나 계속하기는 결코 쉬운 일이 아닙니다. 이때 고인은 지워질 수 없는 뚜렷한 봉사의 개념을 확립시킨 것 같습니다. 내부 깊숙이 간직되었던 그의 착한 심성이 밖으로 떠올랐던 그런 기간들이었습니다.

금년 2월의 봉사 중에는 그곳의 가난한 원주민들이 우리의 물건을 훔치고 집어가는 과정을 겪은 적이 있습니다. 그때 그들을 벌을 주기보다는 그들의 가난을 이해하며 더욱더 사랑으로 나눠주는 그의 행동을 옆에서 조용히 관찰할 기회가 있었습니다. 어쩌면 그것은 성경에서 말하는 진정한 사랑, 조건 없는 사랑을 행동으로 보여준 것이었습니다.

그 후 흐르는 세월 속에 고인은 주님을 섬기기 시작했고, 믿음의 형제인 light up world 선교회 사람들과 정기적인 모임과 예배를 갖기 시작했습니다.

고인은 지난 4월 시한부 생명을 선고 받고 "순리대로 살겠습니다" 라며 죽음에 의연했습니다. 투병생활 중 그의 과묵한 말수로 나에게 전한 짤막한 말들이 얼마나 신실한 믿음의 말들이었는지 다시 회상됩니다.

투병생활 중 하나님을 영접하게 되어서 좋은데, 하나님에게 조금 부끄러운 것은 내가 몸이 성할 때 영접하지 못하고, 내가 필요해서 아쉬워서 찾은 것이 마음속에 걸려 있다는 말.

그리고 그는 기도의 필요성과 기도의 힘을 절대적으로 믿으며, 기도가 모든 믿음과 행위의 이루어짐의 시작이며, 자기를 위해 기도해주는 곳이 있다면 어디든 언제든지 달려가게 되었다면서, 기도를 받는 날은 다시 힘이 생긴다고 했습니다. 보통 약물치료 받고는 2~3일은 누워있게 되지만, 기도 받은 날은 기도의 힘으로 활동을 할 수 있었다고 합니다.

지난 11월 멕시코 봉사를 끝내고 돌아오는 길에, 일행 중 전영일 선교사님과 김의갑 권사님이 고인이 기도를 갈구한다는 이야기를 듣고 지친 몸을 이끌고 밤길에 오렌지카운티 병실을 방문하여 기도를 해주었습니다. 그들은 고인을 알지 못하는 분들이었습니다. 이것이 참 선교이며 봉사가 아닌가 생각하며, 두 분께 감사드립니다.(멕시코 선교도, 기독교 신앙도 이런 자세로 이어져야 한다고 생각합니다.)

기도하던 그날도 막 병실에 들어선 우리에게 고인은 가늘게 이어가는 생명으로 "형님, 제가 뭔데 이렇게 잘 해주시나요?"라고 나지막이 속삭였습니다. 그의 생활 속에서 항상 보여줬던 자기를 낮추는 자세와 겸손함을 보여줬습니다.(이런 극한상황 속에서라면 대부분의 많은 사람은 의당 받듯이 기도를 받아들였겠지요.)

"형님, 제가 천국에 먼저 가 형님을 기다릴 테니 언젠가 때가 되면 오십시오."라고 저에게 담담하고 담대히 말하던 고인은 영생을 마음 깊고 확실하게 믿고 있었습니다.

비교적 젊은 나이에 생명을 내놓으면서도 "하나님, 왜 나에게 이런 일을 주셨나요!"라는 원망 없이 "하나님 저에게 무엇을 원하시나요? 원하시는 것은 다 드리겠습니다. 다 가져가세요."라고 외치고 싶다는 그 말은 고인의 굳은 믿음의 신앙심을 잘 나타내 줍니다. 기도의 힘을 믿었고, 영생을 확신하고 있으며, 천국의 존재를 확신한 고인이

야말로 참된 믿음의 신앙을 갖게 된 것입니다. 우리 모두 주일이면 옷을 단정히 입고 두꺼운 성경책 들고 교회에 나가지만, 진정 얼마나 많은 사람들이 이런 참 믿음을 가질 수 있나 생각해 봅니다.

추수감사절 새벽, 고인이 숨을 거두기 10분 전, 쇠잔한 아주 작은 목소리로 옆방에 잠들어 있는 아들을 깨워 보여 달라고 부인에게 부탁했답니다. 침상 옆에 선 아들의 손을 꼭 잡고, 두 눈에는 하염없는 눈물을 주룩주룩 흘리면서 숨을 거두었다고 합니다.

고인은 저에게 "죽음은 두렵지 않아요. 그러나 10살밖에 안된 아들을 놓고 가야하는 것을 생각하면 가슴이 미어집니다."라고 안타까워하곤 했습니다.

한 가정의 가장으로서, 과묵한 한 사나이로서 가족에 대한 깊은 사랑을 이런 식으로 표현하며 그는 생을 마감했습니다.

이처럼 좋은 아버지, 충실한 봉사자, 참된 믿음의 신앙인으로서 모든 수고와 시련과 사람을 끝내고 그가 믿는 주님의 품안에서 영원한 안식을 얻게 된 것을 생각하며 우리 모두 위안을 받습니다. 때가 오면 우리 친근한 벗들, 〈바하 힐링 미션〉 회원들, 모두다 모여 바닷가에 모닥불 피워놓고 그 찬란하고 아름다운 은하수 불빛 아래서 이승에서 못다한 회포를 풀 것을 기대하면서 한 줄기 위안을 찾을까 합니다.

그곳은 우리보다 더 가난한 사람도 없고, 우리보다 더 외로운 사람

Mr.리와 야외에서 상영해준 영화가 끝나기를 기다리고 있다.

도 없고, 질병도 없고 우리보다 더 추운 사람도 없고, 우리보다 더 비천한 사람도 없는 곳… 그곳에서 10년간 같이 못해본 낚시도 함께 할 수 있을 것입니다.

마지막으로 이곳에 남은 가족들에게 위로의 말씀을 드립니다. 고인이 보여준 사랑으로 우리 이웃들과 사랑을 나누는 법, 사랑을 받아들이는 법을 배운 고 이수연 님의 가족들에게 하나님의 은총이 늘 함께 하기를 빌겠습니다. 그의 이승의 짧았던 여정이 남은 가족과 우리들에게 헛되지 않았고, 의미 있는 생애였음을 회상하면서 삼가 고인의 명복을 빕니다.

※ 장례식이 끝난 다음날 고인의 부인과 처제에게서 전화가 왔다. 나의 조사를 듣고 위로를 받았고, 고인이 천국에 갔다는 확신이 섰다고 한다.
이 조사는 〈바하 힐링 미션〉회원들 (서혜경, 김규현 소아과, 황선호 내과, 박수영 CPA, 한인관 등)을 대신하여 내가 읽은 것이다. 난생 처음 해본 힘든 조사였으나, 고인의 죽음이 믿어지지 않고 말할 수 없이 가슴이 아프고 낙망한 유족들에게 조금이나마 위로가 되었기를 바랄뿐이다.

크고 작은 수난 속에서도 의료봉사의 보람

오전 마지막 환자 진료를 마친 정오. 준비한 물품들을 트럭 3대에 나누어 싣고, 2명의 동료와 함께 힘차게 의료봉사지인 멕시코 샌퀀틴으로 향했다.

내 트럭에 동승한 동료와 이런저런 이야기를 두런두런 나누면서 405 프리웨이를 달리는데, 라구나 지역 못 미쳐서 갑자기 자동차의 심한 진동을 느꼈다. 뒷바퀴가 펑크가 나서 차는 뒤뚱거리고, 뒤에 연결된 트레일러는 질질 길바닥에 끌렸다.

다행히 미국 내에서 생긴 일이어서 손수 타이어를 갈지 않아도 되었고, 트리플 A의 도움을 받은 것에 감사하며 멕시코로 향했다. 그러나 첫 번째 수난은 멕시코 국경지대인 티화나에서부터 시작되었다.

최근 멕시코의 정책 변경으로 국경 검열이 까다로워져서, 가지고 간 헌 의류품의 국경 통과를 저지당한 것이다. 다시 미국 쪽으로 가서 오타이 세관의 허가증을 받아오라는 것이다. 그들 요구대로 하면 시간이 네다섯 시간이 더 소요된다. 할 수 없이 일단 미국 쪽으로 나와 동료들과 상의를 하였다.

우리의 계획상 그 날 밤 9시까지는 목적지에 도착해야만 했다. 그래서 모험이지만 운수에 맡기고 다시 똑같은 멕시코 국경을 넘어보기로 했다. 물론 가지고 간 물품들을 다시 포장하고, 일행의 옷차림, 화장 등도 바꾸고 말이다.

사람들의 모양만 약간 바뀌었지 자동차 모양, 색깔은 그대로이니 우스운 일이었다. 머리를 다른 스타일로 세워 올리고 선글라스를 쓴 소아과 전문의 이하성 박사 부인에게 "아무리 머리를 티나 터너처럼 세워 올렸어도 Tina Turner Lee라고 불러주지는 않을 겁니다."라고 농담을 하기도 했다.

그러나 가장 많은 짐을 실은 내가 탄 트럭이 또다시 검열에 걸렸다. 앞의 일행인 2대의 트럭은 무사히 통과한 것 같았다. 나 때문에 다시 시간 낭비가 오는 것 같아, 즉흥적으로 액셀러레이터를 세게 밟아 검사구역을 그냥 도망쳐 버렸다. 뺑소니 차량이 되어버린 것이다.

아, 그런데 무사히 통과한 줄 알았던 우리 일행의 트럭 2대가 모두 재범(전과자?)으로 붙잡혀, 경찰차의 호송 하에 끌려가고 있는 것이 아닌가!

살살 숨어서 쫓아가고 있는 나에게 워키토키를 통해 겁에 잔뜩 질

트럭 뒤에 붙여놓은 봉사사진을 세관원이 자세히 들여다보고 있다.

트럭의 모든 물품들을 철저히 검역 받는다. 그러나 바하 힐링 미션의 봉사사진을 보고는 검역을 쉽게 넘기곤 한다.

린 일행 소아과의사 이하성 선생님의 목소리가 들려왔다.

"Dr. 최. 이거 어떻게 하지. 경찰들이 우리를 끌고 가고 있으니? 큰일이네……."

빵소니 차량이 되어버린 나는 앞으로 나서지도 못하고 이들 차량과 일정한 거리를 유지하면서 조심조심 쫓아갔다. 그러다 결국은 이들을 잃어버리고 말았다. 큰일이었다.

놓쳐버린 일행을 찾으려고, 내 차는 감춰 두고(이미 빵소니차가 되어버렸으니), 영업용 택시를 대절하여 티화나 메인 경찰서로 찾아갔다. 그러나 사무 보던 경찰관의 '알 수 없다'는 통명스런 대답에 정말 막막해졌다. 모든 것이 낯선 곳이니 아무에게라도 도움을 청하고 싶은 심정이었다.

그런 심정으로 경찰서 정문을 나

서는데 마침 멕시코 오토바이 순찰 경찰이 있기에 그를 붙잡고 흥정을 시작했다. 만일 당신이 우리 일행의 소재지를 파악해 준다면 20달러, 그들을 석방시켜 주면 40달러를 주겠다고 제안했다.

나의 제안에 오토바이 경찰관은 자기 임무를 제쳐두고, 경찰 오토바이를 앞세우고 내가 탄 영업용 택시를 호위해 가면서 여기저기를 찾기 시작했다. 얼마나 우스운 광경인가, 근무 중인 오토바이 경찰관이 임무를 제쳐두고 나를 오토바이로 호송하며 안내하고 있으니… (난생 처음 VIP가 된 기분이었다.)

결국, 그는 사라져 버린 우리 일행의 소재지를 알아냈다. 그러나 그들이 너무 먼 곳에 있어서 같이 갈 수는 없단다. 약속한 수고비는 주위 사람들이 보고 있으니, 둘이 골목길로 들어가서 사람들이 안 보는 곳에서 달란다. 골목에서 이 경찰관에게 돈을 건네주면서 쓴웃음이 절로 나왔다.

일행은 25마일 떨어진 오타이 세관에 있었다. 이곳으로 되돌아오리라 생각하고 기다렸으나 깜깜 무소식이다.

멕시코의 실정을 약간은 아는 나로서, 아니 이번 의료 봉사의 책임자로서 낯선 곳에서 불안해할 동료들의 얼굴이 떠올라서 그대로 기다리고만 있을 수가 없었다. 다른 영업용 택시를 대절하여 25마일 떨어진 오타이 세관으로 향했다.

캄캄한 밤중에 외딴 길, 언덕 길, 골목길을 달리면서 문득 겁이

나기 시작했다. 타국에서 현재 아무런 흔적도 안 남겨있는 나를 이 운전사가 해친다면 개죽음이 될 수도 있다는 불안한 생각이 들었다.

이 멕시코 운전사에게 다정하게 말을 걸기 시작했다. 집은 어디며, 가족은 몇 명이나 되며, 아이들이 공부는 잘하는지 등등… 그러면서 엄포를 놓는 것을 잊지 않았다. 나는 바하 캘리포니아 주지사와 아주 친한 친구인데, 이번 일을 그에게 보고하여 담당자들을 모두 혼내주겠다고 엄포를 놓았다. 사실은 친하기는커녕 이름도 모른다. 결국 우리 일행은 세금은 세금 대로 물고, 헌 의류도 다 뺏기고 몸만 겨우 풀려나왔다. 목적지인 샌퀸틴에 도착하니 새벽 3시였다.

그 날 잠을 제대로 못 자서 수면 부족이었지만, 아침 9시에 미국인 현지 선교사 그룹 5명과 합류하여, 환자 진료와 선교를 시작했다.

의사 3명이 한 공간을 쪼개서 진료를 하자니 좁고 불편하기 짝이 없었다. 여자 환자가 진료를 위해 옷을 벗을 때는 그때마다 담요로 가려줘야 했다. 담요를 들고 서있는 젊은 남자 선교사는 자기는 안 본다고 끝까지 고개를 반대편으로 돌리고 서 있었다. 그의 모습에서 순수함. 순진함 그리고 개인의 프라이버시를 존중해주는 마음이 느껴졌다.

그 전날 겪은 수난과 수면 부족, 식사도 라면으로 때웠으니 허기지고 지쳐 있을 텐데도, 동료들의 얼굴에서는 피곤함을 읽을 수가 없었다. 남을 도우려는 마음에 엔돌핀이 나오는지 피곤을 잊게 했던 것 같다.

그러나, 마지막 환자의 진료가 끝난 후에는 갑자기 밀어닥치는 피곤이 밀어닥쳐 왔다. 아마도 진료 중에는 조금이나마 베풀고 있다는 흐뭇한 마음이 피곤을 없애고 있었던 것 같다.

어쩌면 우리가 이들에게 준 것보다 더욱 크고 값진 것을 우리가 이들로부터 받고 있는 것인지도 모르겠다는 생각이 들었다.

그 다음날은 일행 중 간호사 한 명이 넘어져, 골절은 아니었으나 허리와 다리를 못 쓸 정도의 사고가 있었다.

오후에는 일행이 두 차에 나누어 타고 비포장도로를 달리다가 험한 길을 견디지 못한 트레일러의 바퀴가 튕겨 나오는 사고가 있었다. 도움을 받을 곳도 없고, 고칠 재료도 없고, 토잉할 수도 없는 외딴 시골길이었다. 그런데다가 일정은 바쁘니, 트레일러를 그대로 길가에 팽개쳐 버려둔 채 갈 수밖에 없었다.

또한 동료의 차량이 외딴 바닷가 마을에서 5번이나 수렁에 빠져 헤쳐 나오지를 못해, 일행이 모두 뜨거운 태양이 내려쬐는 허허벌판에서 차를 밀고 당기고 흙을 손으로 파헤치는 고생을 서너 시간이나 하기도 했다.

그 다음 날은 1,000명 정도 수용하는 집단 농장에서 의료 진료를 하는 한편으로 어린이들을 위해 예수님의 일생을 그린 성경 영화와 오락 영화 2편을 상영해 주고, 어둠이 지는 저녁, 야외에서 가지고 간 컵라면 300개를 장작불로 물을 데워 끓여 나눠주기도 했다.

라면을 받아먹겠다고 아이들이 일시에 마구 밀어닥쳤다. 아이들의 군중 동요에 놀라 겁에 질린 동료 한 사람이 너무 혼란스러우니 라면 봉지를 아이들에게 던져주고 각자 알아서 먹으라고 하고 현장에서 빨리 떠나버리자고 한다.

그러나 이 일은 라면이라는 조그만 물품 하나를 전달하는 것이 아니라, 끓인 물을 손수 부어 전해주는 마음이 중요하다는 것이 나의 생각이었다. 그래야만 노예처럼 혹사당하고 이용되고 버려진 이들의 애처롭고 서러운 마음속에 그들을 위해 주는 이웃도 있다는 마음을 심어줄 수 있다. 즉 그들과 함께 있는다는 그 자체가 이들에게 도움이 되리라고 생각한다. 사실 300칼로리의 라면 자체는 이들에게 커다란 도움은 되지 않는다. 손수 건네주는 따듯한 사랑의 손길이 더 절실한 것이다.

모자라는 일손은 그 곳 젊은이 2명의 도움을 받아 손수 끓인 물을 부은 라면을 한 사람씩 건네줄 수 있었다.

라면을 먹는 옆의 야외공간에서는 농장에서 일하고 돌아온 어른들을 위해 준비해간 코미디 영화를 상영했다. 준비해 간 영사기와 발전기로 화면이 비춰지기 시작했다. 그런데… 오기 전 비디오가게에서 사전점검을 못해본 영화 장면에 여인의 전라가 나오고 엉덩이, 유방, 젖꼭지 등이 클로즈업되어 계속 나오는 것이 아닌가, 이런 장면이

나올 때마다 곤혹스럽고 당황한 마음이 계속되었다. 서둘러 관중들에게 사과하고, 다른 영화로 바꾸어 상영하는 것으로 위기를 넘겼다.

상영할 영화를 미리 틀어보고 가족영화로 적당한지를 검토했어야 했는데, 너무 바쁘고 일손이 모자라서 제대로 챙기지 못한 나의 잘못이었다.

여기저기 많은 실수와 수난의 연속이었지만, 이를 극복하고 돌아오는 일행들에게는 길옆에 피어있는 빨강, 노랑, 파랑, 보라, 흰 빛의 야생화들이 펼치는 꽃 잔치의 아름다움이 한층 강렬하게 느껴졌다. 또한 구름 한 점 없이 드높게 펼쳐진 코발트색의 하늘을 보며 자연의 아름다움이 가슴에 와 닿는다.

동료들도 그날은 밤이 늦었지만 두 다리를 뻗고 편안히 흐뭇하게 잠들었으리라 생각한다.

그로 한 달쯤 지난 어느 날, 볼티모어의 선교사 지망생 제니퍼로부터 전화가 왔다. 제니퍼는 우리와 같은 곳에서 선교인턴 수련을 하고 있는 시골의 순박한 백인처녀인데, A형 간염에 걸려 고생한다는 것이었다. 이 순박하고 착한 시골 처녀가 그 곳 주민들과 격의 없이 가깝게 어울리다가 음식물이나 사람으로부터 전염된 것이다.

이 전화를 받고 "아, 수난이 아직도 끝나지 않았구나!" 싶었다. 그리고 이것이 이번 봉사의 마지막 수난이기를 빌었다. 그 후 확인해보니 제니퍼는 다행스럽게도 회복되어 정상 생활로 돌아갔다고 한다.

이 조그만 봉사에도 이처럼 크고 작은 많은 어려움이 따른다. 선한 일을 하고자 하는 사람은 자신이 선행을 베푼다고 해서 남들이 자기가 가는 길에 놓인 돌을 치워 주리라고 기대해서는 안 되며, 오히려 사람들이 자기가 가는 길에 돌을 굴려다 놓을 수 있다는 생각으로 숙명으로 각오해야 한다. 시련을 체험함으로써 내면적으로 정화되고, 강화된 힘만이 이를 극복할 수 있다. 이런 시련들에 주저앉거나 반항만 한다면 힘은 고갈되고 말 것이다.

얼마 전 일행 중 한 사람에게서 전화가 왔다. 처음 겪은 경험이었지만, 다시 가서 전보다 더 많은 역할을 가지고 일해 보고 싶단다. 완벽하지 못한 사람이지만, 사람을 사랑할 줄 아는 좋은 사람으로서 좋은 만남을 이루며 살고 싶단다.

이들과 다시 한 번 함께 떠날 날을 기대하며 즐거운 마음으로 다음 일정을 준비한다.

비좁은 방에서 가지고간 영사기와 발전기로 상영되는 영화에 저녁 한때를 즐기는 아이들.

아버지와 아들

다음 주자를 기다리며

10년 넘게 달려갔다. 8시간 이상 트럭을 운전해야 하는 힘든 길이었지만 그 피로를 잊을 무렵이면 또 샌퀸틴을 향해 달려가게 된다. LA에서는 잃어버린 지 오래되는 밤하늘의 은하수와 정적 속에 광활한 바다가 끝없이 펼쳐져 있는 곳이다. 무수한 별빛아래 아름답게 빛나는 밤바다의 거대함 앞에서 매번 내 자신의 미미함에 머리 숙이게 된다.

지난 10여 년 내가 의료봉사를 계속해온 멕시코 바하 지역은 또 허허벌판의 황토 흙냄새, 바닷가의 비린내, 가난하나 순수한 주민들의 땀 냄새 속에서 내게 한없는 평안을 느끼게 해 준 곳이기도 하다.

그곳에서 보낸 한 순간 한 순간이 한없이 평화롭고 더없이 보람찬 경험이긴 했지만 쉽지만은 않았다. 그곳에서 환자를 진찰하는 일보다 힘든 것은 이 여정을 준비하는 일이었다. 동행이 있을 때는 그래도 나왔지만 피치 못해 혼자 가야 했을 때도 여러 번이었다.

그런데 혼자도 언제나 나쁜 것만은 아니었다. 인적 없는 바닷가를 홀로 거니는 것은 특별한 경험이었다. 그간 번잡한 일상에서 오래 잊고 있었던 내 자신과 만나는 일이었다. 나 자신과 만나며 나를 버티게 하는 중심이 무엇인지 알고 나 자신과 교류할 수 있을 때 타인과도 참된 교류를 가질 수 있다는 것도 홀로 있는 시간을 통해 깨달을 수 있었던 것이다.

작가는 사색의 정리를 위해, 음악가는 작곡을 위해, 예술가는 창조를 위해, 성자는 기도를 위해 홀로 있지 않으면 안 된다고 한다. 보통 사람인 내게도 이런 순간들은 내 삶을 되돌아보는 내 생의 가장 소중한 시간으로 남겨졌다.

작은 클리닉을 가진 내과의사로서는 갖기 힘든 경험이었다. 가난한 환자들을 돌보아 준다고 해서 휴머니즘 혹은 자선, 이런 거창한 것을 생각해 본 적은 없다. 그보다는 갈 때마다 밀려오는 벅찬 감정들에 끌려 그곳을 다시 찾곤 했었다.

내게도 흰머리가 눈에 뜨이게 늘어났다. 이제는 어쩔 수 없는 체력의 한계를 느끼게 된다. 피로와 책임을 감당하기가 어려워지고 있는 것이다.

이젠 내 삶의 버팀목이 되어 준 이런 감정과 생각의 변화를 다른 사람들과 공유하고 싶다. 봉사의 다음 주자를 기다리는 것이다.

그간 장만된 많은 장비들도 다음 봉사자에게 전해주고 싶다. 트럭, 캠퍼, 트레일러, 창고, 그리고 다양한 기구들…. 이 많은 물품들은 내 개인의 것이 아니다. 여러 후원자들의 정성어린 성원으로 마련된 것들이다. 봉사를 원하는 누구에게라도 모두 되돌려 줄 것이다. 밤이 지나면 또 다른 밝은 아침이 오듯이 힘차게 봉사의 여정을 시작할 다음 주자는 반드시 나타날 것이라고 믿는다. 난 오늘도 머리 숙여 기도하며 그들이 오기를 기다리고 있다.

Chapter 2

사랑의 징검다리

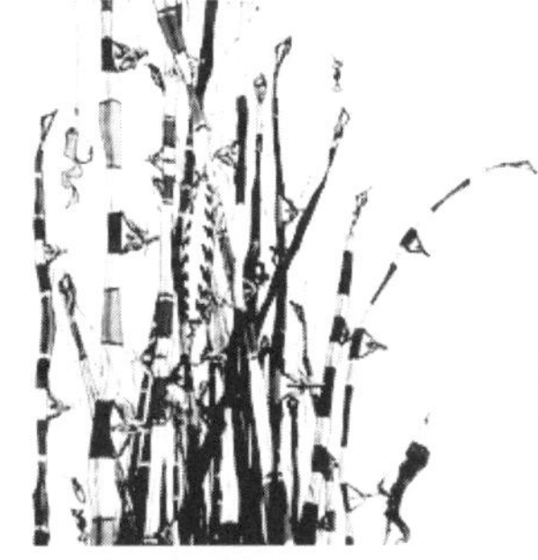

고무신과 내리사랑

오래 전 인턴으로 근무할 때였다.

의무담당 과장인 닥터 더허티로부터 호출이 왔다. 그는 전형적인 아이리시 계통의 인자한 인상의 백인 의사다. 당시 내가 소속되어 있던 내과 전염병과 부서에서 병리부서로 옮기라고 했다. 이유는 전염병과에서 인턴을 담당하는 젊은 내과의사가 나와 같이 일을 못하겠다. 영어 소통이 안 돼서 가르치며 일하기가 힘들다고 했다는 것이다. 그러니 영어가 별로 필요하지 않는 병리부서에서 현미경이나 보면서 일과 영어를 익혀 나가라는 것이었다. 미국에 갓 와서 영어가 부족해도 그 대신 정직과 부지런하면 그런대로 인정을 받을 수 있다는 믿음이 부서지는 순간이었다. 영어에 능통한 14명의 다른 인턴들과 경쟁하여야 되는 나로 서는 가진 것은 근면밖에 없어 그들보다 한 시간 일찍 일을 시작하고 한 시간 늦게 퇴근하였던 나로서는 참담할 뿐이었다. 더 줄 것이 없었으니….

내 표정에서 좌절과 실망의 빛을 읽었는지, 그는 미소 띤 얼굴로 방과 후 30분씩 매일 1대1로 그의 사무실에서 같이 영어공부를 하자고 했다. 내과 교과서를 가지고 와서 직접 자기 앞에서 읽으란다. 그 바쁘고 귀중한 시간을 나에게 할애해 주는 것이 이해가 가지 않았다. 의아해 하는 내게 그가 말했다.

"나와 처음 만났던 날을 너는 기억하는가? 그날 가랑비가 하루 종일 내렸지. 인턴 관사 앞에 이삿짐도, 부인도 없이 비에 젖은 남루한 옷차림으로, 이상야릇한 신발(한국 고무신)을 신고 있었지만 넌 약속시간을 정확히 지켰지. 그 날의 너에 대한 강한 인상이 아직 지워지지 않았고 그게 너를 돕고 싶은 이유다."

이 말을 듣는 순간 그날이 머릿속을 스치고 지나간다. 어렵게 구한 병

1979. 6. 21일 디트로이트로 펠로우쉽 떠나기 전 인사차 Dr. Dougherty와 딸과

원 인턴 자리, 필라델피아에서 뉴저지로 이사 가는 날, 닥터 더허티와 인턴 관사 앞에서 만나 안내 받기로 했다. 이삿짐을 옮겨 주기로 한 업소의 한인 Van 운전수가 비가 와서 안 가겠다는 일방적인 통보해 왔다. 너무 당황스럽고 난감했다. 닥터 더허티와 만나기로 약속한 그 시간까지 이사를 할 수 없었고, 그와 연락도 안 되었다.(그때는 병원 안에서만 인턴들의 비퍼가 가능했었다.) 안간힘으로 마지막 기차 시간까지 우범지역인 필라델피아 역전으로 가서 흑인 노무자들에게 운송차량 을 구해보기 위해 의도적으로 옷을 남루하게 차려 입었다. 이때, 보슬비는 내리고 해서 한국에서 싸들고 온 흰 고무신을 신었다. 모든 것이 무서웠고 혹 부닥칠지도 모를 강도범들의 눈에 가난해 보이려는 미국 이민 초년생이 연출해낸 삐에로 같은 옷차림이다.

결국 이삿짐 차량을 못 구한 채 나는 닥터 더히티와의 약속 시간에 맞추기 위해 그 옷차림 그대로 마지막 기차에 올라탔던 것이었다. 이삿짐도, 부인도 동반 못한 사실에 대한 나의 설명에 그의 의아심도 이해로 바꾸어 놓으며 좋은 인상을 심어준 듯싶었다.

그 후, 인턴생활 11개월은 그와의 방과 후 매일 30분씩 영어공부 아니, 인간관계의 친분이 쌓여지는 시간이었다. 동료 인턴 14명은 나를 부러운 눈초리로 보았고, 이로 고달팠던 인턴시절을 비단 옷에 금단추를 달은 옷을 입은 듯한 우월감(?)과 비밀 병기라도 품은 듯 힘든 인턴임무를 더 잘 수행해 나갈 수 있었다. 그는 명절 때에는 우리 부부를 꼭 그의 가족모임에 항상 초대해 한국에 있는 가족에 대한 그리움과 외로움을 덜어 주었고, 공휴일에는 바다로 낚시를 데리고 다녔다. 조그마한 동양인 수련의가 측은해 보였었나(?) 그 후, 그의 과찬의 장문 추천서로 내과 레지던트, 흉곽내과 펠로우십을 차례로 거쳤다. 대학병원 펠로우십을 디트로이트에서 마친 후엔 다시 그곳 뉴저지에 있는 유명한 원로 내과 의사와의 동업 자리도 그의 주선으로 마련돼 있었다.

개업 석 달 전 L.A. USC 대학세미나에 왔다가 USC 의과대학생중에 40~50%가 동양인인 것에 놀랐고, 자녀 교육을 위해서도 L.A에서 개업하기로 마음을 정했다. 그의 배려로 구해진 좋은 개업자리를 취소하여야 하는데 . 손쉬운 전화 통화보다는 직접 찾아가 설명해야 할 것 같았다. 첫 만남의 인연과 그간 듬뿍 받은 은혜에 대한 최소한의 예의다.

직접 디트로이트에서 뉴저지까지 비행기를 타고 갔다. 물론 이때는 고무신이 아닌 구두를 신었다. 내 자녀교육을 위해서도, 또한 피부색의 다름에 예민한 어린 자녀를 생각하며 택한 것이 진로 변경의 이유라고 설명을 했다. 당신에게 받은 모든 은혜를 갚지 못하고 떠나는 것이 크게 마음에 걸린다고 하며 고개를 떨구었다.

그의 대답은 무거웠던 마음을 가볍게 해주었다.

"젊은이, 너의 장래는 네 위주로 정해야 한다. 너의 선택과 너의 가족의 만족이 최우선이다. 최상의 선택이면 그대로 실천 하라. 부디 가서 좋은 개업의로 충실히 일하라. 그간의 호의를 나에게 되돌려 주려고 하지 마라. 단지 언젠가 인턴 당시의 너와 같이 어려움에 처한 사람을 보면 손을 내밀어 주어라. 그것이 나에 대한 되돌림이다."

부모님의 사랑, 그리고 아래로 아무 대가 없이 주는 사랑을 내리사랑이라고 하는데 그런 사랑을 받았던 것이다. 이 조그마한 일(남루한 옷차림, 고무신을 신고 지킨 약속) 하나가 지금도 내 일생의 여정에 많은 영향을 주고 있다. 어려움에 처한 사람에게 손을 내밀라는 충고를 머릿속에 기억하는 것만이 아니라 가슴 속에도 담아야지…. 거저 받았으니 거저 주라는 성경말씀과 같이. 그러나 이의 실천은 입으로 나오는 말처럼 쉽지만은 않을 것이다. 누군가 은혜는 대리석 돌에 새겨놓고 원수는 모래에 적으라고 했다. 잊지 말고 이를 실천하는 것이 그에 대한 보답이 될 것이다.

사랑은
짜장면을 먹는 것과 같은

동네 마켓의 계산대 바로 앞 노상에는 짜장면 가게가 있다. 계산대 앞에서 장바구니 계산을 하고 있는 환자분들이 종종 그 가게에서 짜장면을 먹는 나를 정면으로 쳐다보게 된다. 입 주변에 따라붙은 짜장을 냅킨으로 닦아가며 먹는 모습도 보고 있을 것이니 한편 생각하면 민망한 장면이다.

그럼에도 불구하고 내가 이곳을 가끔 찾는 건 짧은 점심시간을 쪼개어 음식 기다리는 시간도 고려해야 하고 혼자 식당에서 음식 나오기를 기다리는 쑥스러운 시간이 없는 5분 안에 식탁에 짜장면이 놓여지고 금방 먹어치울 수가 있기 때문이. 그리고 짧은 휴식겸 허기를 채울 수 있는 마음의 피난처는 혼자만의 점심시간이다.

어린 시절 지루한 기차여행 중간이역에 내려 열차국수를 먹던 따스한 서민의 온기가, 그리고 국수의 온기가 추억 속에 떠오른다. 짜장면을 보면 자신의 삶속에 망각하고 있던 추억, 그리고 사람에 대한 새로운 활기를 찾아 일으키는 매력이 있다. 짜장면은 따뜻한 온기가 있을 때 점심에 먹으면 더할 나위 없이 맛이 좋다. 검은 춘장에 찍은 새하얀 양파를 씹으면 눈을 사각사각 밟는 소리가 나서 좋다. 짜장면을 열심히 비비면서 까만 짜장에 염색되어지는 매끈한 면을 쳐다보는 옆 테이블 손님의 순한 얼굴을 보면서 서민의 삶 속의 즐거움을 보게 되고 마음속에 따스한 온기를 느끼곤 한다.

진찰을 받으러 오시는 분들 중에는 짜장면을 같이 먹자고 조르는 연로한 환자 분들이 몇 분 계신다. 마켓 안에서 종종 짜장면을 먹는 나를 보았다면서 꼭 한 번 대접하고 싶으시단다. 두텁지 않은 주머니 사정을 잘 아는 나로서는 그들의 호의에 가슴이 짠해지나 그들의 사정을 생각하며 사양하곤 하지만 그분들의 커다란 마음을 대신 먹는다.

일전에 마켓에 들어서자마자 불쑥 손을 꽉 쥔 채로 나를 이끌고 짜장면을 같이 들자는 할아버님이 있었다. 대접받는 것이 송구스러워 물건을 사러 왔으며 바빠서 서둘러 오피스로 돌아가야 한다고 딴청을 부렸으나 막무가내다. 그러면 "to go"로 싸가지고 가서 먹으라며 주문한 2인분 곱빼기가 나올 때까지 손을 놓아주지 않으셨다. 아무리 바쁘더라도 점심은 찾아 먹어야 된다고 손주에게 타이르듯 말씀하신다. 그 짜장면을 싸들고 나오면서 짜장면에 관한 어느 구절이 떠올랐다.

"사랑은 짜장면을 먹는 것과 같다고…. 따뜻할 때가 가장 맛이 있는…, 아무리 깔끔하게 먹으려고 노력해도 그만 입 주변을 더럽히고 마는…, 너무 자주 먹어서 물린 나머지 다시는 먹지 않겠다고 다짐해도 시간이 흐르면 또 그리운…, 짜장면을 먹을 때는 짬뽕이 그립고 짬뽕을 먹을 때는 짜장면이 그리운 그런 짜장면은 사랑과 같다는…, 짜장면 속에는 현재 삶 속에 망각하고 있던 자신이 짜장면을 먹던 시절의 추억 과정들이 남아있고 그로 새로운 활기를 일으키는 힘을 준다. 이것이 매력이라는 짜장면…."

짜장면을 받아 오피스로 향하는 발걸음을 재촉한다. 면의 온기가 가시기 전 윤기 나는 면발을 먹을 것이다. 짜장면을 사주신 할아버님의 은근한 사랑이 담긴 체온을 느끼겠지. 양파를 씹을 때의 눈 밟는 소리도 들으면서 느낄 것이다. 전처럼 입술에 달라붙는 검은 짜장을 혀로 닦아가면서 싸주신 분의 온기를 입 속에서 아니 가슴속에서 느낄 것이다. 6불짜리 음식이지만 이 음식을 주신 분의 마음을 사진 액자 속에 넣으면 예술이 되고 값비싼 보물이 되어 배부르게 마음속을 채울 것이다. 곱빼기로.

G-선상의 아리아

어둠속의 적막을 깨는 기타소리가 오피스 주차장 구석에서 들린다. 화음이 조금 어색하지만 펑키 재즈풍의 음률이다.

다가가 보니 노래를 부르는 이 흑인 노숙자의 손에는 3번선 G-선이 끊어져 버린 기타로 연주를 계속하고 있었다. 그의 아픔이 절규하듯 떨고 있는 기타 현 소리는 그의 애환과 소외된 무료함을 담고 있는 것 같이 들리고 그의 삶을 구성하는 한 현이 빠져있는 것을 보는 것 같았다. 그는 젊었을 때는 롱비치대학을 2년 수학했고, 그곳에서 재즈클래스를 수강하였단다. 남루한 옷차림에 생김새는 다저스 야구선수 헨리 라미레즈를 닮은 58세의 흑인 노숙자이다.

일 년 반 전부터 우리의 인접 빌딩들의 공동주차장 구석에서 기거를 하고 있다. 처음에는 그가 싫었다. 떠나주기를 바랐으나 흐르는 세월 속에 대면이 익숙해져서 그런지 그런 생각은 언제부터인지 사라져 버렸다.

그에게 음식을 주는 이웃 식당 주인, 간이점 마켓 종업원 조용히 와서 머리를 깎아주고 떠나곤 하는 흑인 청년, 이따금 그의 휠체어를 밀고 동네를 한두 바퀴씩 돌아주는 동료(?) 노숙자들의 정경이 보인다. 가난은 하지만 소박한 서민의 따뜻한 정겨움이 차가운 내 눈을 따습게 채운다.

일 년 전부터 나도 그에게 매일 이른 아침마다 음료수 한 병 그리고 컵라면이나 빵 혹은 과일 등을 주고 있다. 이런 친숙한 관계 때문인지 자기 침구를 도난당했다고 하소연하기도 하고 한 번은 돈 20불을 앞에 내밀며 구세군에 가서 입을 옷 하나를 사다 달라고 부탁하기도 한다. 내가 입지 않는 옷, 창고에 처박아두었던 매트리스 담요 등을 꺼내주었다.

지나면서 보면 아침마다 3~4개의 큰 맥주 깡통이 그의 머리맡에 굴러다닌다. 변화를 위해 금연 금주를 권유한 그와의 언약은 아침마다 굴러다니는 빈 깡통 속에서 잠자고 있는 것 같다. 그가 말하던 자기는 지금 도시의 정글 속을 헤매고 있으며 장래 이 도시의 정글을 헤쳐 나올 것이라는 말을 했지만 그 날이 언제인지 헤아리지 않기로 했다. 현실을 생각 못한 순진스런 어린 센티멘털인가, 씁쓸해 하다가 내 자신을 다시 돌아본다. 깨어진 약속에 실망할 만큼 베풀었을까? 충고가 실천으로 이어질 만큼 그의 마음을 강하게 움직였을까. 아무 손해 없이 베푸는 동정, 다정스런 이야기 충고가 피부에 와 닿는 진실성으로 보여졌을까. 예수님이 “너의 재물이 있는 곳에 너의 마음도 있다(마6:21)”고 지적하셨듯이 재물이 따르지 않는 행동, 말의 동정, 기도 등이 과연 얼마나 그에게 진실성을 줄까. 기타 3번 선인 G-선을 구해주면 그의 음악상의 G-선상 아리아는 해결될 수 있다. 그러나 윤동주 시인의 산문시 〈투르게네프의 언덕〉에 담겨있는 G-선상의 아리아는 계속 우리 가슴속에 여운을 남길 것이다.

붉은 장미, 달콤한 초콜릿 그리고 두부

해마다 밸런타인데이가 오면 화원과 초콜릿 가게가 바빠진다. 사랑의 상징을 파는 곳이다. 붉은 장미는 용솟음치는 열정의 상징이긴 하지만 점차 나이가 들어감에 아득한 옛 이야기가 되어 버렸다. 초콜릿은 '사랑의 묘약'으로 불린다. 감미롭고 포근한 사랑의 감정을 유발시킨다는 것이다. 초콜릿에는 '페닐에틸아민'이라는 뇌세포 흥분 화학물질이 들어있다. 이 성분이 사랑의 감정을 일으킨다는 주장이지만 이 화학물질은 복용 시 10~20분 내로 체내에서 분해되어 소멸해 버리며 뇌에 도달하지 못한다는 사실이 의학적으로 증명되었다. 의사인 나에게서 초콜릿 성능에 대한 믿음도 없어져 버렸다.

붉은 하트가 그려진 카드에 애틋한 사랑의 문장을 정성들여 써서 우표를 붙이고 우체통에 넣는 일을 해본 지도 오래다. 요즘엔 사방이 벽으로 둘러싸인 방안 컴퓨터 앞에서 이메일로 순식간에 자판이나 두드리니 무슨 아늑한 사랑의 감정이 솟아날 수 있을까 하는 의아심이 든다. 생활환경의 변화로 차분하며 감미롭고 애틋했던 낭만적인 시간들은 사라져 버렸다. 삭막해진 기계문명 사회의 산물이다. 붉은 장미는 언젠가는 시들어 버리겠지만 진정 변하지 않고 시들지 않을 사랑이 없는 것은 아니다.

남녀가 처음 만나 사랑이 싹튼 후(결혼생활도 마찬가지다) 첫 2년간은 매혹과 황홀의 기간이다. 우리 뇌에서 철철 넘쳐흐르는 페닐에틸아민이 넘쳐흘러 삶에 생기를 준다. 들판에 만발한 꽃들도 나를 위하여 눈부시게 화려한 색깔들의 합창으로 축제를 펼쳐주고 있는 것 같고, 그와 나누는 밤이 지새도록 같이 대화를 나누어도 졸리지도, 피곤치도 않다. 창을 뚫고 아침 침상으로 쏟아져 들어와 눈을 찌르는 눈부신 햇살에서 행복감을 느끼고 마냥 같이 있고픈 그런 기간이다. 모든 것에 생동감이 주어진다. 이것이 기원전 플라톤이 말한 '사랑의 광기'일 것이다. 매혹과 황홀의 첫 2년은 페닐에틸아민의 감소로 서서히 사라진다.

다음 2년은 안정 속에 평안과 유착의 기간이다. 이때 엔돌핀이라는 호르몬이 증가되면서 사랑의 아늑하고 포근한 감정이 유지된다. 이렇게 4년의 기간이 지나면 엔돌핀 감소가 시작된다. 남자는 소멸해 가고 있는 사랑의 감정을 또 다른 자극으로 되찾으려 여기저기 기웃거리며 방랑하게 된다. 여자의 경우 임신과 출산, 수유 등의 과정을 통해 뇌에서 분비되는 옥시토신이라는 호르몬으로 인해 모성애라는 따뜻한 사랑의 감정이 3~4년 더 남자보다 길게 지속되고 가정의 안정을 유지한다.

이 사랑의 과정 7년이 흐른 후에는 여자도 바깥세상에 눈을 돌리게 된다. 사랑(결혼) 5년째는 남자는 딴 곁눈질을 하며, 7년째엔 여자도 신던 구두를 벗어들고 주위를 두리번두리번 하게 된다. 옛 영화 마릴린 먼로 주연의 ≪7년만의 외출≫이 이런 과정의 내용이다.

새로운 플라토닉 광기인 사랑의 추구다. 이 현상 자체가 결국은 감정의 퇴색으로 우리의 삶의 허탈감으로 남게 될 것이다.

해결 방안이 있다. 통사적인 사랑이 싹트기 전 처음 시작을 플라톤이 말한 사랑의 광기로 시작이 아닌 친구로서, 동반자로서의 관계로 출발을 하라고 권한다. "사랑은 붉은 정열을 장미꽃이 아니라 함께 핀 안개꽃"이라고 어느 시인이 말했다.

사랑의 감정 요소인 매혹, 황홀, 성(SEX) 등으로 시작이 아니고 비올 때 같이 비 맞아주고 힘들어 할 때 따뜻한 손길을 내밀어주고, 슬플 때는 울어 줄 수 있는 그런 우정의 동반자가 된 후 차근차근 사랑의 여정을 쌓아간다면 한층 더 오래 지속되는 사랑을 가질 수 있다고 한다. 한동안 표현 못한 쌓인 말들을 정겹게 들려주는 대화의 창을 열고 밸런타인데이를 맞이하는 것도 초콜릿 한 상자보다 더 값진 선물이 될 수도 있다.

"말을 잘하면 비지 사러 갔던 사람이 두부를 사들고 온다."는 옛말도 있다. 식탁에 두부가 놓여지도록 대화의 창문을 열자. 그 창으로 장미와 초콜릿의 맛과 향기도 흘러들어 오는 밸런타인데이를 맞을 수 있을 것이다.

적막했던 어느 장례식에서

의사들은 자기 환자들의 장례식에는 특별한 경우를 빼고는 참석 않는 것이 보통이다. 많은 환자를 대하다보니 감정의 변화가 무디어진 것인지는 모르겠다. 얼마 전 나는 드문 예로 7년간 치료해 주었던 78세 할머니의 장례식에 다녀왔다.

정오가 좀 지난 대낮, 조그마한 묘지 교회를 찾아갔다. 잔디를 가꾸는 일꾼들의 소리와 트럭들만 몇 군데 눈에 뜨이는 텅 빈 묘지, 적막이 감도는 장례식은 거의 끝나가고 있었다. 조문객이라야 열두어 명 정도 비슷한 나이 또래의 할머니와 할아버지들뿐, 너무 고요해 쓸쓸함을 더해 주었다.

지병인 심근경색증, 심울혈증, 고혈압 등으로 지난 7년 동안 매달 한두 번은 나의 병원을 찾아왔던 고인은 약한 미소를 띤 얼굴에 하얀 분과 검보라 빛의 입술연지를 바르고 옷차림도 늘 화사했다. 순번제로 바뀌는 동반자들의 호위(?)를 받으며 왔는데, 동반자들이 바뀔 때마다 자랑스럽게 소개시켜 주곤 했다. 대여섯 명의 동반자들은 밸리에서 일생을 중학교 교사로 같이 지냈던 직장 동료겸 친구들이었다.

젊은 시절 딱 한번 짧게 결혼생활을 했으며 미국에 일가친척이 아무도 없다는 할머니에게는 이 친구들이 자식이고, 이웃이며 생활의 전부였다. 이들의 사려 깊고 따뜻한 대화를 옆에서 듣고 있노라면 우정의 아름다움, 그리고 인간관계의 보물 상자를 열어보고 있는 듯했었다.

사망 하루 전날 심한 증세를 일으켜 찾아온 할머니에게 난 병의 심각성과 생명의 위험성을 설명하며 입원해야 한다고 간곡히 권했으나 오히려 그분은 각오를 하고 온 듯이 잡지에서 오려온 문구를 건네주며 거기 쓰여 있는 것이 자신의 뜻이라며 한사코 입원은 거부했다.

전에도 "본인의 병이 불치의 병이면 자연의 섭리대로 그냥 놔두어 달라."고 요구했던 내용의 서류를 내게 보관시켰는데 그날 전해준 문구는 "우리 노인은 노쇠할수록 하나의 공작처럼 우아하게, 품위를 유지하며 아름답게 지내면서 죽음이 가까워지면 두려움 없이 품위 있게 맞으며 억지 생명연장을 위해 안간힘을 쓰지 말자."라는 것이었다. 그리고 다음날 할머니는 돌아가셨다.

그분의 묘지를 떠나오며 내 마음은 쓸쓸하고 적막했던 장례식 못지않게 무거웠다. 7년간을 가까이 하며 그분과 사회의 변천, 가치관의 변화, 옛 제자들과의 추억, 늙음, 우정 등 많은 이야기들을 나누다 보니 어느 사이 할머니가 내 마음속에 이웃으로, 삶의 스승으로 깊게 자리 잡고 있었던 듯하다.

그로부터 며칠 후 할머니의 귀중했던 친구들 중 한 분으로부터 감사카드를 받았다. 뜻밖에 장례식까지 참석해 주어서 모두 놀랐고 고맙다는 말로 시작된 편지는 타계한 자기의 친구에겐 산다는 것이 길고 지루하고 외로웠다는 것과, 현재는 자기가 진정 원했던 곳, 외로움이 없고 편한 곳에 가 있을 것을 믿는다는 내용이었다.

진정 할머니가 살아생전 가고 싶었던 곳이 저 세상이었을까? 나는 몇 년을 같이 대화하면서 왜 몰랐을까? 또한 친구 말대로 삶이 고통스럽고 외롭기만 했었을까? 고독을 느끼고 살아왔을까? 정말로 주위에 사람들이 많이 있었겠지만 자기와 관계있는 사람이 아무도 없다고 했을 때의 그런 무서운 고독과 외로움으로 지내왔을까?

앞으로는 주위 사람과 소통하는 삶이 되도록 해야지 하고 다시금 생각해본다.

학은 천년을 누리다 죽을 때가 되면 노래를 부르면서 마지막 순간을 맞는다고 한다. 그러한 노래를 학의 웃음이라고 하지만 하늘이 준 명에 대한 순종으로 본다고도 한다. 사람 역시 명대로 살다가 명이 다 되어 간다고 죽음을 한탄할 것은 없다. 하지만 세상 어딘가에 외로워하는 사람들이 많을 것 같다. 그중에도 거동이 불편한 노인들은 더욱더 외로움을 많이 탈 것이다.

거동이 불편하고 누구의 손길도 닿지 않는 사람은 없나 주위를 한 번 더 돌아보게 된다. 새삼스레 환자를 치료할 때 의사로서 뿐이 아닌 이웃의 한 관계있는 사람으로 더 깊은 관심과 사려를 기울여야겠다.

윤동주 시인이 주는 교훈

윤동주 시인의 주옥같은 많은 시 중에서 내가 가장 좋아하는 시는 〈투르게네프의 언덕〉이다. 이 산문시는 시인이 22살 때 쓰여졌다. 이해하기 쉽게 쓰여졌지만, 그 안에는 깊게 생각하게 하는 내용이 담겨 있다.

"있을 것은 죄다 있었다. 그러나 무턱대고 이것들을 내줄 용기는 없었다…"

아무 손해(?)도 없이 베푸는 동정, 다정스레 이야기나 하리라 하는 자기희생, 손해 없이 베풀어 가질 수 있는 자기만의 만족…. 이런 가식과 헛된 인심의 이웃 사랑이 정말 적선일까 반문하게 된다.

우리가 극복해야 할 뿌리 깊은 가식과 헛된 이웃 사랑이 이 시에서는 '언덕'이라는 상징으로 표현되어 있다.

나 자신 여러 해를 봉사한다며 멕시코를 다녔지만, 진정으로 내게 있는 것들을 다 내어 주겠다는 마음도 없었고 용기도 없었던 것 같다. 이를 보고 주위 사람들은 내가 의료봉사, 나아가서는 선교한다고 칭찬하는 것 같은데, 나 자신을 돌이켜보면 부끄러움만 남는다.

예수님은 "너의 재물이 있는 곳에 너의 마음도 있다"(마 6:21)고 신랄하게 지적하셨다.

나의 귀중한 재물이 따르지 않는 말만의, 눈짓 손짓만의 동정이 과연 얼마나 진실성을 가질 수 있을까? 또는 실제로 끝없이 진실했다 해도, 과연 이 거지에게 얼마나 도움이 되었을까? 다시 한 번, 윤동주 시인의 진실하게 말하는 성실성의 아름다움을 가져보자고 다짐한다.

바닷물에 포함된 소금은 3%에 지나지 않는다. 이 소금으로 인해 바닷물이 썩지 않고 신선함을 유지하듯이, 우리 마음속에 3%의 좋은 생각을 가질 수 있다면, 이 좋은 생각이 우리 삶을 평범한 인간으로서 충분히 지탱할 수 있는 것인지도 모른다.

우리 인간이 한 행위 중에서 조금이라도 선한 부분이 보여진다면, 그 손길을 뒤쫓아 본받으려 노력해 보는 것이 그나마 부족한 우리의 바람이다.

〈별 헤는 밤〉〈십자가〉〈서시〉〈자화상〉 등등 윤동주 시인의 많은 시를 읽으면서, 일제의 어떤 억압에도 타협하지 않고, 경건하고 순결한 시인으로서, 또한 신앙인으로서, 그 맑은 지조를 지킨 시인을 만나게 된다. 그리하여 그의 시와 그의 삶이 완전히 통합되어 있었음을 볼 때 우리의 마음은 진한 감동으로 일렁인다.

그의 삶과 시를 되새겨보는 〈윤동주 문학의 밤〉이 올해도 밸리에서 가까운 피라미드 레이크 RV파크에서 개최된다. 나는 벌써 4년째 즐거운 마음으로 이 문학행사의 사회를 맡아오고 있다. 시인에게 영적 감화를 주었던 밤의 도전 속에서 좋은 친구, 하나님, 고귀한 가치 그리고 순결한 이상을 연상시키는 별들…. 그 별들이 찬란히 보이는 공간에서 윤동주 시인과 시를 사랑하는 사람들을 만나볼 수 있고, 그의 시들을 음미할 수 있는 그런 시간이다.

내 시간의 정해진 공간이 3%만이라도 아름다운 별과 바람과 시로 채워질 수 있다면 그 얼마나 좋은 날일 것인가?

철학자 임마누엘 칸트의 말이 매해 이 행사 때마다 떠오른다. "내가 감격하여 마지않는 사실이 둘 있는데, 그 하나는 밤하늘에 반짝이는 별빛이고, 또 하나는 내 마음속에 빛나는 양심의 도덕률이다."

7월 25일 토요일 저녁 〈윤동주 문학의 밤〉에서 그런 감격이 되살아나기를 바래본다.

트루게네프의 언덕 -윤동주

나는 고갯길을 넘고 있었다…. 그때 세 소년 거지가 나를 지나쳤다.

첫째 아이는 잔등에 바구니를 둘러메고, 바구니 속에는 사이다병, 간즈메통, 쇳조각, 헌 양말짝 등 폐물이 가득하였다.

둘째 아이도 그러하였다.

셋째 아이도 그러하였다.

텁수룩한 머리털, 시커먼 얼굴에 눈물 고인 충혈된 눈, 색 잃어 푸르스름한 입술, 너들너들한 남루, 찢겨진 맨발,

아아, 얼마나 무서운 가난이 이 어린 소녀들을 삼키었느냐!

나는 측은한 마음이 움직이었다.

나는 호주머니를 뒤지었다. 두툼한 지갑, 시계, 손수건… 있을 것은 죄다 있었다.

그러나 무턱대고 이것들을 내줄 용기는 없었다. 손으로 만지작 만지작거릴 뿐이었다.

다정스레 이야기나 하리라 하고 '얘들아' 불러보았다.

첫째 아이가 충혈된 눈으로 흘끔 돌아다볼 뿐이었다.

둘째 아이도 그러할 뿐이었다.

셋째 아이도 그러할 뿐이었다.

그리고는 너는 상관없다는 듯이 자기네들끼리 소곤소곤 이야기하면서 고개로 넘어갔다.

언덕 위에는 아무도 없었다.

짙어가는 황혼이 밀려들 뿐—.

윤동주와 별

11년 전쯤 낚시를 즐기러 다닐 때였다. LA에서 차로 8시간 달려간 멕시코의 샌퀸틴, 외딴 바닷가에서 한밤중 혼자 서있게 되었다. 함께 간 동료의 차가 모래바닥에 빠져 견인되는 동안 내려놓은 짐들을 보며 혼자 기다리게 된 것이다.

자정이 가까워진 깊은 밤이었다. 인가는커녕 인적도 없는 바닷가, 바람은 차가웠고 바위에 부딪치는 성난 파도소리가 움찔움찔 공포를 자아냈다. 그때 나는 문득 고개를 들고 하늘을 바라보았다. 아! 머리 위의 하늘은 완전 다른 세상이었다. 옅은 하얀 안개를 얇게 누벼놓은 듯 아련한 위에 그 많은 별들이, 하나하나 또렷하게 빛나면서도 한꺼번엔 휘황찬란한 빛을 가득 발하며 거기, 내 머리 위에 한없이 펼쳐져 있었다.

숨이 멎는 듯한 아름다움이었다. 은하수가 손에 잡힐 듯 다가왔다. 그 무한한 공간 속에 내가 아주 작은 점으로 들어있다는 생각에 한껏 겸손해지면서도 터질 듯한 감동이 나를 감싸 안았다. 무섭던 파도소리가 힘찬 우주의 배경 음악으로 내게 다가왔다. 오랫동안 기계화된 도시생활에서 잊고 있었던 먼 어린 시절의 추억, 그 순수한 동심의 고향이 눈앞에 펼쳐지는 듯 했다.

그 날의 별빛 가득했던 밤하늘과 그 정경이 내게 일깨워준 가슴 벅찬 감동은 오랫동안 내 마음속에서 지워지지 않았다. 자연 그대로의 모습을 간직하고 있는 그 바닷가를 나는 그 후에도 자주 찾아갔다. 처음엔 그저 그 별빛과 파도소리를 못 잊어 지인들과 찾아가 텐트치고 모닥불 주위에 둘러앉아 우리의 살아온 이야기를 나누며 보냈다.

그런 몇 번의 낚시 여행 후 우린 바닷가 저편에 살고 있는 원주민 가족을 만나게 되었다. 그들과 만나며 그들의 참담한 생활 형편도 알게 되었다. 의사인 내게는 무엇보다 그들에게 허용된 의료 서비스가 너무 열악하다는 사실이 계속 마음에 걸렸다. 의료봉사단체 '바하 힐링 미션'은 이렇게 세워졌다. 그 후 10여 년, 힘든 일은 수없이 많았다. 그러나 어려움이나 피로를 딛고 지속할 수 있었던 내 마음속의 원동력은 인간애에 앞서 그 첫날밤의 찬란하게 빛나던 별빛과 광활한 바다에 대한 그리움이었다고 나는 지금도 확신한다.

하루 종일 계속되는 의료봉사가 끝난 후 한밤중 바닷가에 서서 바라보는 별빛 가득한 하늘, 마음속의 때까지 깨끗이 씻어 내주는 파도소리만한 피로회복제나 세척제를 난 아직 본 적이 없다.

그 바닷가로 떠날 때면 난 항상 별자리에 대한 책을 챙겨 넣는다. 그리고 윤동주를 생각한다. 그의 시 〈별 헤는 밤〉을 수없이 읽고 또 읽는다. 그 아름다운 시인의 순수한 외로움, 봄을 기다리는 간절한 마음은 아득하게 긴 시간과 먼 공간을 가로질러 은하수가 빛나는 이국의 바닷가 모닥불 주위에 둘러앉은 우리들의 고백이며 마음이기도 했다.

19세기의 위대한 철학자 임마누엘 칸트는 "내가 감격하여 마지않는 사실 두 가지 중 하나는 밤하늘에 반짝이는 별빛이며 다른 하나는 내 마음속에 빛나는 양심의 도덕률이다"라고 말했다.

철학자와 시인의 위대한 영혼을 감동시켰던 저 별빛 가득한 밤하늘을 오늘 평범한 우리도 똑같이 바라볼 수 있다는 것은 얼마나 근사한 일인가. 오는 2월 17일 토요일 별빛 아름다운 피라미드 레이크 RV파크에서 윤동주 문학의 밤이 열린다.

주최 측에서 내게 사회를 맡아달라는 요청이 왔을 때 나는 기꺼이 받아들였다. 윤동주의 시를 사랑하는 사람들과 만난다는 사실이 우선 좋았다. 그리고 윤동주 시의 큰 주제를 이루는 별을 바라보며 신과 친구, 순결한 이상과 고귀한 가치들에 대해 별과 시를 사랑하는 사람들과 마음을 나눌 수 있다는 기대감에 마음이 설렜기 때문이다.

야구
예찬

한밤에 초원에서 시원스레 야구경기가 펼쳐지는 여름이다. 류현진, 추신수가 우리들의 관심과 성원의 대상이다. 아니 인기 연예인들처럼 대중들로부터 우상으로 섬겨진다. 이 둘은 같은 한국 국민이어서 뿐만이 아니라 야구경기 자체가 우리에게 많은 즐거움을 주고 또 여가시간을 채워주기 때문이다. 소위 말하는 'Nation's pastime'이란다. 그 내면에는 이들 선수 개개인 자체보다는 야구라는 운동경기의 묘미 자체가 많은 일조를 하고 있다.

미국 생활 첫발이었던 미동부에서의 나의 고된 인턴과 레지던트 시절, 3~4일에 한 번씩 밤새 당직을 하고 32시간 연속 근무를 하고 나면 과로로 몸이 부서진 상태로 귀가한다. 상처뿐인 몸을 다음날 아물게 해 주는 것으로는 단잠과 TV에서 보여주는 야구경기였다. 뉴욕 양키와 필라델피아 필리 팀들의 경기가 얼마 안 주어진 짧은 여가 시간을 그때그때 컨디션을 회복시켜 주었던 것이다. 오직 이들이 힘든 미국에서의 수련의의 고달픔을 어루만져 준 내가 가질 수 있었던 상처 치료제였다.

내가 야구를 선호하게 된 이유로는 첫째, 야구 관람 중에는 다른 운동경기와는 달리 많은 시간의 여백이 있어 평소에 부족했던 가족들이나 이웃들과 대화를 하면서 성공적인 인간관계에 이루어지게 해주니 즐거움을 서로 나눌 수 있다. 그 공유하는 즐거움 자체가 좋은 우정관계를 형성할 수 있는 계기가 되는 것이다.

그 다음으로 운동 경기 중 야구는 일 년에 160일, 농구는 80일, 아이스하키 40일 그리고 미식축구는 20일간 경기를 펼친다. 그러니 제일 오랜 시간을 즐길 수 있는 경기가 야구이다. 당신의 인생에서 가장 중요한 것들이 무엇이냐는 기자들의 질문에 문호 톨스토이의 대답은 첫째가 지금 현재 갖고 있는 이 시간, 둘째 지금 내 옆에 있어 준 사람, 그리고 셋째 지금 내가 하고 있는 일이라고 했다. 일 년 중 반은 매일 참여가 가능하여 내 옆에서 제일 오래 시간적으로 같이 있어 주는 야구를 선택하지 않을 수 없었다.

마지막으로 야구는 그 자체가 수학적, 물리적으로 계산되어진 고도한 이론과 생리 역학적 인간의 능력 한계를 적용하여 만들어진 경기이다. 또 여름밤의 야간 경기는 구장의 널따란 녹색의 잔디에서 느끼는 싱그런 색감, 그리고 옥외의 신선한 밤공기, 그 주위를 비추어 주는 대낮같은 야광불빛의 은빛 찬란함, 어둠 속 하늘의 커다란 공간과 어우러져 우리의 마음을 한없이 시원하게 해준다. 다른 운동 경기보다 대화가 많이 주어져 우정과 가족 간의 공동체 개념이 성립되어 훌륭한 하모니를 우리 가슴속에 심어 준다.

현대는 생활 자체가 서로간의 (부모, 자녀, 이웃 친구 등) 대화가 많이 줄어드는 추세이다. 자녀들은 인터넷 부류에, 어른들은 TV매체에, 스마트폰에 틈 생기는 대로 상대편에 등을 돌리고 이들에 각자들 몰두한다. 아니 서로 간에 약간이나마 남아있었던 대화시간마저 없어진 현실이다.

야구경기 관람 중에는 앉아있는 자리에서 많은 공통적인 대화를 나눌 틈이 있다. 이에 대한 콜로라도 덴버의 학회 보고서에는 메이저리그 야구팀이 있는 도시가 없는 도시보다 대중들의 이혼율이 23%가 더 낮다는 통계도 보여준다. 야구 경기 관람 중에 대화할 시간이 많았음을 주된 이유로 설명한다. 우리 생활 속의 한 부분이 같이 어우러진 공유의 결과이다. 한 배를 탔다는 공동운명체의 끈끈한 연대감이 화목의 버팀돌이 된 것이다.

미국의 봄은 3월이 아니라 야구가 시작되는 날이 미국의 진정한 봄이라고 한다. 여름 또한 녹색의 잔디에 비춰진 대낮같은 야광 불빛 속에서 타오른 7, 8월 야간 경기가 뜨거운 여름 그 자체의 열기를 보이고 있다. 각 선수들이 최선을 다해서 경기에 임하며 그들의 기량과 정열이 최고조에 올라서는 이때, 선수들의 땀방울 속에 마지막 승자가 가려지는 경기가 펼쳐진다. 그들의 팀플레이를 보면서 못다 한 대화, 같이 공유한 팀 응원의 즐거움, 이웃 친구들과 아내와 자녀와 대화를 나누며 팀의 승패를 공유한다.

"우리는 한마음 하나다." 하는 world cup 때의 우리의 응원 말처럼. 이미 장성하여 애들까지 둔 아들이 LA다저스팀 경기를 같이 보러 가자고 조른다. 아마도 어린 시절, 아버지와 같이 갔었던 아스라한 어린 시절의 엣 추억들을 되살리고 싶은 것 같다.

예일대학 총장을 역임하고 또한 야구 Commissioner를 역임한 Bart Giamatti(영화배우 Paul Giamatti의 아버지임)의 야구 예찬론을 들어본다.

"야구는 우리들의 가슴에 와 닿는 그 무엇이 있다. 메이저 야구경기는 모든 삼라만상이 다시 시작되는 봄과 더불어 시작되어 뜨거운 여름에 활짝 피어나 하루의 온종일 오후와 저녁 한때를 다 채운다. 약간의 쌀쌀한 가을비가 내리기 시작할 때 world Series가 끝나면서, 우리의 가슴속에는 늦가을만이 덩그러니 남게 된다."

가슴에 와 닿는 그 무엇인 야구를 이 7,8월에 아들과 함께 가서 다시 부자의 정을 되찾아보아야겠다. 물론 성인이 돼 버린 그의 근황과 생각들의 의견 교환도 기대하면서.

봉선화 꽃잎 물들이기와 뇌수술

이웃의 병문안을 가서는 위로와 충고의 말을 하게 된다. 이때, 연약해진 환자에게 그들의 위로의 말이 다양하게 반영되어진다.

지난 토요일 아침 일찍 전화가 울렸다. 그 전날 받은 부인의 뇌수술 경과보고이다. UCLA 신경외과에서 8시간동안 받은 수술이 성공적으로 되었고, 오늘 아침은 모든 것이 정상인 것 같단다. 이 또한 감사드린다고 한다. 아마도 하늘 높이 계신 분에 대한 감사이리라. 어렵게 빨리 스케줄이 잡힌 UCLA 신경외과 수술을 며칠 앞두고 이 부부가 오피스를 찾아왔다. 수술을 안 받을까도 생각한단다. 이웃의 누군가가 뇌수술을 받으면 손톱에 봉선화 꽃잎 물감도 안 들 정도로 몸의 체질 변화가 나타나나는 것이다. 자신이 없단다. 이 말을 전해 듣는 순간, 이 준수한 외모의 중년 환자가 여자였지 하고 새삼스레 느껴졌다. 뇌수술을 앞에 둔 상황에서 이분은 여자임을 포기하지 않고 가슴에 미를 품고 있었다.

의자를 가까이 당기고 수술을 받아야 하는 의학적인 이유를 설명했다. 30년간 환자를 대하면서 한 번도 수술 후 봉선화 물이 손톱에 들지 않는다는 말을 들어보지도, 본 적도 없다고 했다. 그리고 가장 중요한 사실은 정보를 가지고 충고를 해주는 이웃이 진정으로 당신을 위하는 말인지, 또는 그 말이 행동도 같이 동반된 권유였는지도 생각해 보라고 했다. 그 사람이 말해 준 그때 손톱에 바르는 매니큐어라도 주었는지, 아니면 힘든 데 영양보충이라도 하라고 돈 몇 푼이라도 손에 쥐어 주었냐고 물었다. 아니라면 그 말보다, 전문지식과 경험이 있는 의사의 확실한 말만 받아들이고 결정하기를 바란다고 했다. 그 부인은 내 오피스를 떠나가면서 자기의 수술의 성공을 위해 기도를 부탁한다는 말을 남겼다.

힘든 상황에 처한 환자들은 황량한 벌판에 서있는 촛불 같은 심정이다. 그래서 어느 방향에서든 바람이 불면 초의 불꽃은 마냥 흔들거리며 나아가서는 꺼져버릴 수도 있는 것처럼 수술을 앞둔 환자에게는 결과에 대한 장래 확신과 보장이 보이지 않기 때문에 불안함과 초조, 의심이 마음속을 수십 번 오가게 된다. 그래서 주위 사람이 일으키는 가벼운 바람에도 환자는 커다란 영향을 받고 피해를 가져오는 경우도 종종 본다.

항간에, 특히 사람 많은 L.A에서는 밥 먹을 때 외에는 입을 열지 말라고 한다. 바다의 물고기는 바늘에 입이 걸려서 낚시꾼에게 건져 올려진단다. 많은 말들은 핏속에서 태어났고, 어둠 속에서 자랐으며, 입술과 입을 통해 날개 치며 비상한다. 그가 날리어 바람 잡고 촛불을 흔드는 것이다. 말이 천 냥 빚을 갚는다고 하지만 그 여파로 만 냥의 손해를 끼칠 수도 있다. 성경 속의 욥을 병문안 온 친지, 이웃들도 내용적으로는 그에게 위로와 평안함을 주기보다는 그들의 박식한(?) 심판뿐이었다.

병문안 하는 환자에게 충고, 정보를 줄 때에는 꼭 만인에게 100% 확인된 것만 말하기를 제안한다. 이것이 진정 촛불 같은 환자에 대한 배려이다. 위로와 평안을 주는 것은 기본이다.

이 환자가 수술 후 완전히 회복되어 아름답고 찬란한 빛깔의 매니큐어를 바르고 오피스로 찾아옴을 상상해 본다. 아마도 현실적으로 이곳에서 사실 확인을 하기 위해 봉선화 꽃잎을 구하기는 힘들 것이다.

한 젊은 화가의 마지막 정열

일전에 한국에서 오신 곱디고우신 할머님 한 분이 오피스로 찾아오셨다. 그분은 오래 전에 내 환자였던 젊은 화가가 당신의 사위라고 한다. 화가의 아들, 할머니의 외손주는 이미 성장하여 화가인 아버지의 대를 잘 이었다고 자랑스럽게 이야기 하셨다.

하나뿐인 따님한테 내 이야기를 듣고 인사 겸 옛날의 고마움에 들르셨단다. 서로 이야기를 나누며 이 할머님께서 모르셨던 이야기들을 들려드리니 마주 앉은 할머님의 두 눈에 눈물이 고인다. 할머님과 대화를 나누는 동안 20여 년 전의 일이 주마등처럼 스쳐지나가며, 마치 어제 일처럼 생생하게 떠오른다.

어느 2월의 금요일 저녁때라고 기억된다. 주말을 맞이하는 즐거운 기분으로 막 진료를 마칠 시간에 한 젊은 부부가 진료실로 들어섰다. 젊었으나 병색이 깊게 드리운 모습이었다. 한눈에도 조직검사 및 그 외의 많은 진단 조사가 필요한 증세였다. 내 소견을 설명하는데 환자의 표정에서 심한 실망과 좌절을 읽을 수 있었다.

병원 소파에 마주앉아 긴 그의 이야기가 시작되었다.

현재는 건강보험도 없고, 경제적으로도 감당할 능력이 없다. 서울에서 최고 명문 대학의 회화과를 졸업하고 그곳에서 조교생활을 하다가, 어느 미술 동호회의 초청강사로 나갔다. 그곳에서 그 동호회 회원이었던 부인을 만나 결혼하게 되었고, 그 후 미국 중부로 와서 미술대학을 다시 졸업하고는 LA로 와서 생활을 시작했단다. 아직 영주권도 없으나, 미술에 재능을 보였던 부인이 직장을 쉽게 구하게 되어 직장을 통해 영주권도 곧 받게 되었다. 이제 꿈도 있고 이루어질 가능성도 보이고, 예술에 대한 집착도 강하다. 어린 아들을 하나 데리고 행복하게 잘 살고 있다고 했다.

나는 이 젊은 화가를 밸리에 있는 올리브 카운티 병원으로 보내 정밀검사를 시켰는데 '악성 임파선암'으로 진단을 받고 치료를 시작했다. 진행된 암 세포에서 오는 많은 치다꺼리가 있었지만, 카운티 병원에서 다 봐주기에는 그들은 너무 바빴는데 물론 카운티 병원이 치료에 잘못이 있다거나 등한히 하는 것은 아니다. 그래서 사소한 일들은 중간 중간에 우리 오피스에 와서 상담, 처방들을 받아가곤 했다.

아마도 환자와 의사의 관계뿐만 아니라, 학생 때 비구상 미술에 관심이 많았던 나로서는 이 화가와 의학보다는 미술에 관한 대화를 계속했었는지도 모르겠다. 〈닥터 지바고〉를 보면 '시를 사랑하게 되면 시인도 사랑하게 된다.'는 구절이 있다. 아마도 나는 환자라기보다도 이 '화가'를, 미술을 사랑하고 있었던 것 같다.

이 과정에서 이 환자, 아니 이 화가는 완쾌될 수 있다는 막연한 희망을 가지고 자기 미술 작품제작에 더욱 더 열정을 쏟아 붓고 있었다. 투병생활에 대한 나와의 대화가 예술에 대한 신념과 소견으로 이어지곤 했다.

입원과 퇴원을 반복해 가는 중 암이 몸 전체에 퍼졌고 거의 말기에 다다라, 퇴원의 가능성이 희박한 상황에서 재입원을 하게 되었다. 그동안 부인의 내조로 열심히 준비해온 개인전을 앞두고 말이다. 거동이 힘들고 몸은 퉁퉁 부어 오른 상황에서 뼛속 골수에 암의 침투로 몸에는 백혈구가 거의 없어 주위와는 격리하고 무균상태로 있어야 되는 상황이었다. 그러나 미술에 대한 그의 집념은 더욱 강해지는 것 같았다. 며칠 앞으로 다가온 작품전의 리셉션에는 꼭 참석하고 싶고, 참석하게 해달라고 했다.

부인이 나의 의견을 조심스레 물어왔다. 꼭 참석시키고 싶단다. 예술을 이해하는 예술가의 부인다운 마음이었다. 나 자신 언뜻 대답이 안 나왔으나, 마음속으로는 그냥 병원에 있었으면 하는 쪽으로 기울고 있었다.

며칠 후, 가족의 요청에 의해 아니 정확히 말해서 부인의 요청에 의해 세균학, 암, 흉관내과 등 각과 전문의들이 합동 회의를 하게 되었다. "어차피 얼마 남지 않은 것이 이 젊은 화가의 생명이고, 일반 대중과의 접촉에서 생길 세균감염이 없더라도 큰 차이 없이 생명을 잃을 것이다. 또한 이 젊은 화가의 '생' 즉 '삶의 가치' 자체가 미술 작품 그 자체이고 전부이니, 혹 며칠의 생명이 단축된다 할지라도, 개인전 리셉션에 참가하여 관객들과 이야기를 나누게 하는 것이 이 젊은 예술가를 위한 올바른 최상의 선택이 될 것이다."라는 결론을 내렸다. 단, 그 리셉션에 동반할 의사만 가족이 구해 놓으란다.

이 결정이 있은 다음 날, 부인이 나를 찾아왔다. 결정사항을 나에게 이야기하며 동반해 달라는 말은 안 꺼냈지만 그녀가 마음속으로는 나에게 부탁하고 있음을 읽을 수 있었다. 젊은 외국인 전문의들이 의학 지식만을 가진 편협한 시야가 아닌 좀 더 넓은 딴 세계도 생각하면서 내린 인간다운 결정이었다고 여겨진다.

'내가 이 날의 동반자'라고 그들에게 전하고 환자를 인수인계하면서 병력들을 받으면서, 그들에게서 고맙다는 말을 들었을 때, 처음으로 주치의로서 같은 한국 사람으로서 '고맙다'는 말을 들은 그 자체가 황송하게 느껴졌다. 고맙다고는 내가 그들에게 하여야 할 터인데.

전시회 리셉션이 있는 날 날씨가 상당히 흐리고 추웠다. 으스스한 어둠이 깔린 저녁, 카운티 병원의 뒷문에 차를 대놓고 젊은 화가를 휠체어로 맞이하였다. 나의 포드 스테이션 왜건에 누운 채로 윌셔에 있는 한국문화원으로 향했다.

이 날의 리셉션은 일반인이 아닌 화가들, 신문사 문화 담당기자들, 미술 비평가들만을 위한 초청의 날이었다. 극도로 쇠약한 몸에 세균 감염의 위험도 있어서 전시회장 뒷방에 있는 소파에 편안히 앉도록 권유했다.

나는 그의 주위를 서성이면서 방문객들이 전시된 작품을 감상하면서 작품에 대하여, 예술에 대하여 나누는 진지하고 생기 넘치는 대화를 옆에서 듣고 있노라니, 그의 그림에 대한 정열을 새삼 읽을 수 있었다.

피카소나 반 고흐만이 대가가 아니라, 이런 정열과 집착을 가진 이 화가 역시 그들 못지않는 대가라는 생각을 했고, 그 표정 하나하나에서 위엄과 예술의 진지함을 느낄 수 있었다.

리셉션이 거의 끝나갈 무렵, 방문객들이 하나 둘 자리를 비우기 시작하고 있을 때, 그동안 오랜 병원 격리생활로 만나지 못했던 어린 아들이 이 현실을 다 이해하지 못하고 아빠에게 입맞춤을 했다. 그동안 보고 싶었다며, "오늘은 밥도 같이 먹고, 같이 집으로 돌아가자." 고 졸랐다.

이를 지켜보는 나의 눈시울이 뜨거워지고 가슴도 벅찼는데, 이 화가는 아마도 가슴이 찢어질듯 아팠으리라. 젊은 화가가 나에게 눈짓을 보낸다. 그리고 어려운 부탁을 하고 싶단다.

"아들과 이것이 마지막일지도 모르니, 가족들과 개인적인 시간을 갖고 싶습니다. 가족들과 같이 저녁을 먹고 싶은데요. 되겠습니까?" 라고 조심스레 묻는다. 그의 눈빛은 간절한 애원이었다.

나는 그가 먹을 메뉴로 식중독이 없는 떡국이 어떻겠느냐고 조언을 해주었다. 그리고 친지, 친구들도 모두 사양하고 가족만의 모임으로 한정지어 주었다. 그때 나의 편협한 결정으로 메뉴까지 제한한 것이 지금도 가끔 후회가 된다. 마음껏 고르게 할 걸.

바깥에는 비가 뿌리고 있었다. 가족과 그만의 식사를 마치고, 다시 단 둘이 되어버린 우리는 달리는 스테이션 왜건 안의 공간에서 한국 화단과 미국 화단, 그리고 한국 미술의 나갈 길에 대하여 끊임없는 대화를 나누며 병원까지 왔다.

병실에 그를 뉘어주고 터벅터벅 병원을 나왔다. 주룩주룩 청승맞게 내리는 비를 맞고 있었으나, 비를 느끼기보다는 뒷전의 쓸쓸함과 허전함만이 내 머리를 채우고 있었다.

그리고 얼마 안 돼서 이 젊은 화가는 세상을 떠났다.

그 뒤 부인이 내게 전해준 장례식 후의 조그만 카드를 보내왔다.

"제 남편은 짧지만 아주 진한 인생을 살다 갔습니다. 좋은 의사를 만날 수 있었던 것은 돌아가신 남편의 하나의 복이었습니다."

나는 이 카드를 받고, 별로 큰 수고를 한 것도 없는 이 조그만 일이 환자에게는 어떤 의미를 주었는가 뒤돌아보기도 했다.

이 젊은 화가가 나에게 그려준 그림은 어두운 회색으로만 채색되어진 수채화 한 폭, 쓸쓸한 들판에 채워진 나무들이 그려진 그림이다. 이 그림이 걸려있는 우리 집 현관을 지날 때마다 이 화가를 생각하게 된다. 그림을 남긴 그의 정열과 예술에의 집념이 오래 오래 내 마음속에 남아 있었던 것이다.

그의 혈육인 아들은 미술을 전공하고 전공과 관련된 직종에서 건실하게 살아가고 있다. 아버지의 대를 이어 아들을 훌륭하게 키운 부인에게 마음의 박수를 보낸다.

그가 떠나고 20년 후에 또 다시 그의 부인이 보내준 편지를 받았는데 의사의 의무로서 조그만 일이, 타인에게는 큰 의미로 받아질 수도 있다는 것을 새삼 깨달을 수 있었다.

Dear, Dr Choi,

20년째 매년 5월이면 아들 Peter와 함께 Hollywood 공원묘지에 찾아갑니다. 20년 전에는 미국에 저의 가족은 남편과 5살 난 Peter뿐이었습니다. 이제는 부모님도 이민 오셔서 LA Little Tokyo 노인 아파트에 사시고, 여동생도 Valley Northridge에 Settle down한 지가 4년이나 되었습니다.

금년에도 묘지에 갔다가 부모님 아파트에 들렀는데 어머님께서 꺼내주시는 신문, Valley에 사는 여동생이 어머님께 갖다드렸다고 합니다.

그날 밤, 집에서 저는 Peter에게 Dr. Choi의 신문 기사를 한 줄 한 줄 번역하여 읽어 주었습니다. 처음에는 눈물이 소리 없이 흐르다가 오열로 바뀌고 아들과 아빠의 마지막 대화에 가서는 아들은 통곡하였습니다.

생생한 기억의 점점들. …… 한 생명, 가장 가까웠던 한 사람이 결국 사라져간 길고도 길었던 1년 반의 투병. 이 신문을 침대 옆 책상에 올려놓고 지나칠 때마다 마음 한 구석에 멍든 부분을 다시 건드리는 기분과 동시에 치유되는 평화와 안도감이 교차했습니다. Dr. Choi에게 편지를 쓰기 시작했다가 그만 두었고, 어떤 날은 의식적으로 신문을 보지 않으려고 하였습니다.

20년 전 그 금요일 오후, 남편과 저는 대합실에서 선생님이 너무 젊은 분이어서 아마 의사가 아니라 assistant인가 보다라고 이야기했습니다. 남편에게 그렇게도 중요했던 그 전시회의 첫날, Dr. Choi께서 식사를 Hot dog으로 때우고 Olive View병원으로 남편을 데리러 Station Wagon을 운전해 오셨던 날. 그날은 남편의 마지막 환희의 날이었습니다.

예술가는 작품을 Public에게 보이는 것이 중요하다고 주장하곤 했습니다. 미국 유학생활의 결실을 한국문화원에서 전시하게 된 것을 아주 기뻐했으니까요. 지금 우리 집의 모든 벽은 그때 전시했던 그림들로 가득합니다.

남편이 내게 남겨준 두 가지 중요한 그리고 유일한 자산들, 아들 Peter와 이 그림들….

아들 Peter는 아빠의 그림 속에서 자랐습니다. 남편의 유학 생활, Kansas State University에서 보낸 몇 년의 기간은 그의 생애의 가장 즐거웠던 작품 기간이었습니다.

학교에서 대학원생에게 개인 studio를 주었고, 24시간 아무 때나 사용할

수 있었으니 예술가에게는 천국이었지요. 그러나 저에게는 지옥 같은 유학시절이었습니다.

Dr. Choi, 남편과 Peter와 저의 감사한 마음을 어떻게 말해야 좋을지 모르겠습니다. 예술을 사랑하는 마음을 가진 사람들은 아마도 같은 분모를 가진 사람들인가 봅니다. 아들 Peter 역시 같은 분모를 가지고 예술에의 길을 택하였고 그 결정은 아빠 역시 수긍할 것이 분명합니다. 정신의 만족과 물질의 만족을 얼마나 타개해 나갈 수 있는지는 자신의 노력과 투지에 달려 있겠지요.

항상 도와주시는 Dr. Choi 부부께 감사드립니다. 저뿐만 아니라 저의 부모님, 형제들 모두 깊은 존경심을 표하고 있습니다.

김혜인 올림

12-25-2003

이 글은 부인의 양해를 받고 옮겨 적어 보았다

젊은 화가가 나에게 그려준 그림. 우리 집 벽에 걸린 이 그림을 볼 때마다 항상 이화가의 예술의 집념과 정열, 아름다움과 쓸쓸함이 보인다. 예술은 길고 생은 길다는 말 새삼 공감이 간다.

불지 않으면 바람이 아니다

연로하신 할머님이 지팡이에 의지하며 오피스 로 정기진찰을 받으려 오셨다. 요번은 간병인의 도움 없이 힘겹지만 가까스로 혼자서 버스를 타고 오신 것이다. 간병인이 오늘은 딴 일이 생겨 도와 줄 수가 없으니 딴사람에게 부탁해 보시랬단다. 근처에 살고 있는 자녀들은 다 들 바쁜 것 같아 아예 부탁도 안고 과감히(?)버스를 타 보셨단다. 딴 손에는 핸드백 대용인 아주 낡고 색도 바랜 가방을 가슴에 꼭 끼고 있었다. 장보는 바구니겸용 가방이란다.

진찰 후 처방전을 건네받는 손가락 마디마디는 구부러지고 굵어져 있고 손은 평소와 같이 약간씩 떨리고 있었다. 심한 노인성(퇴행성) 관절염이다. 아니, 이 할머님의 손가락 마디마디에서 노화라는 오랜 세월의 흔적이 읽혀진다. 여느 날처럼 어젯밤도 관절이 쑤시고 등이 아파서 진통제를 복용했지만 아픔은 여전하여 뜬 눈으로 잠도 설치

셨단다. 너무 힘들 때는 괴로워하지 마시고 복용해 보시라고 일전에 권했던 중독성과 부작용이 있을 수 있는 마약성분의 강한 진통제는 사용을 안 하시겠단다. 마약으로 나중에 중독 생각만 해도 끔찍하니 차라리 참으시겠단다.

"이제는 너무 오래 써서 관절이 다 마모되어 어쩔 수 없는 모양이어, 이제는 아픔을 내 생활의 동반자로 모시고 더불어 살기로 작정했지. 별거는 안 되는 모양이지."

쓴웃음을 지으시며 내려뜨는 두 눈동자에는 고통과 체념의 그림자 속에 받아들이고 있는 포용의 깊은 빛을 느낀다.

"이제는 그만 애들(자녀)에게 부담이 안 되게 위에 계신 분이 빨리 데려가셨으면 좋겠어."라는 말씀에 가슴이 싸하니 쓸쓸한 여운이 뿌려진다.

우리 인간자체의 삶의 한계가 정해진 불가항력인 삶의 궤도가 떠오름이다. 의학적으로 인간이 20세부터 몸의 기능이 매년 1%씩 감소되어 120세에는 생존을 위한 기능이 0%만 남게 되는 것이다. 현대의학이 인간의 수명은 좀 연장시켰으나 그것에 동반된 싱싱한 건강, 노화를 해결하지 못하는 것이 현 의학의 한계점이다. 또한 이를 수용할만한 사회적인 대책이나 대안도 아직은 없는 현실이다. 절름발이로 발전된 의학의 부조화다. 아니 일종의 비극이다.

"아니죠, 받은 생명을 잘 관리하셔서 거동을 하실 수도 있고 의식이 아니 영혼이 살아 있으시니 건강히 오래 오래 사셔야죠. 그것이 자식들이 바라는 것이죠.”

측은한 마음과 위로해 주고픈 마음에 말을 계속 이어갔다.

“가는 세월 속의 노화를 그 누가 멈추게 할 수 있을까요? 할머님의 자녀들도 아니 우리 모두가 앞으로 이 과정을 똑같이 겪게 될 것이에요. 이가 우리 모두 인생의 여정이지요. 나무에는 뿌리와 줄기가 있고 잎이 달려 있듯이, 자녀들은 나무에서 자라난 잎사귀로서 부모님에 해당되는 줄기와 뿌리의 존재를 가짐으로써 존재의 의미를, 원천을 확실히 느낄게 될 거에요. 뿌리 없는 나무가 살아가나요? 할머님을 모시고 있다는 것이 힘든 것보다는 뿌리가 있다는 존재감에서 삶의 충만감을, 안정감을 더욱 느낄 수 있을 것 입니다.”

나는 충고인지 위로인지 나도 모르는 말을 하면서 할머니를 똑바로 쳐다볼 수가 없어 내 고개가 떨궈진다. 의사의 제일 중요한 목표는 그리고 의무는 환자의 진통 즉 아픔 (질병 자체가 아픔이다)을 없애주는 것이고. 이것조차도 다 해드릴 수 없다는 안타까움이고 체념이다.

고통 속이지만 안녕이라는 말씀을 뒷전에 남기고 더욱 미소까지 지어 보이시면서 나가시는 뒷모습에 여러 생각이 떠오른다. 누군가 그랬다. “나이가 드는 것은 그렇게 나쁜 것만은 아니라고. 단풍이 잘 물들면, 웬만한 꽃보다도 더 아름답다고, 그리고 나이를 더 먹는다는 것은 등산하는 것에 비유되어 오르면 오를수록 숨은 더 차오지만 시야는 점점 더 넓어지고 있다."고.

육체의 쇠약에 영혼의 힘을 보태 준다. 어쩌면, 모든 계절을 다 통과한 노년에서는 젊은이들이 결코 따라올 수 없는 깊은 미소와 고통을 포용할 수 있는 마음이 보다 많이 생기는 것이 아닐까. 할머니의 따스한 그 눈동자 속에는 노년의 여유와 너그러움이 읽혀진다. 마음의 여유가 생기면서 넓어지는 포용력 속에 육체의 노쇠를 상쇄시키는 그 어떤 힘의 능력이 생성되어지는 것 같다.

나는 할머니가 지팡이에 의존한 다리를 끌면서 뒤뚱뒤뚱하며 나가시면서 닫은 하얀 문을 한참 물끄러미 쳐다보면서 머릿속에서는 다시 한 번 누군가의 말이 떠오른다. "가지 않으면 세월이 아니다. 불지 않으면 바람이 아니다. 늙지 않으면 사람이 아니다."

피할 수 없는 우리들의 삶의 여정을 운명으로만 받아들여 비관적으로 나약하게 주저앉아 버리지만 말고 현재를 힘차게 헤쳐 나가라고 시인 헨리 워즈워스 롱펠로우는 말한다.

"아무리 즐거워 보여도 미래는 믿지 마라. 죽은 과거는 죽은 채로 묻어 버려라. 저마다 내일이 오늘보다 낫도록 지금 행동하는 것이 그것이 목적이요, 길이다. 행동하라 살아있는 현재에 움직여라. 안에는 마음이, 머리 위에는 하나님이 있다." 이런 충고가 삶에 대한 우리의 생각과 자세에 향기와 힘을 부여해 줄 것이라고 믿는다.

다가오는
마리화나 혁명

30년간을 이웃이었던 옆 식당 건물이 팔렸다. 그 자리에 대마초 판매업소가 들어섰다. 나는 이런 변화된 현실이 싫고 그곳 고객이 내 오피스에 잘못 찾아드는 것은 더욱 싫었다. 금년, 그들이 보라고 큰 간판을 하나 더 올렸다. 내과 병원이라는 말을 강조하는 큰 글씨로.

금년부터 콜로라도 주는 담배같이 여가 품목으로 일반 대중(21세 이상)에게 대마초 판매를 허가하였고, 워싱턴 주도 곧 실시한단다. 아직 캘리포니아 주는 의료용으로만 합법화 시켰으나 일반 대중들에게 우리가 손댈 수 없을 정도로 광범위하게 파급되어 흘러들었다. 캘리포니아에서는 올 11월에 일반인 마리화나 합법화 주민 발의 안에 대한 찬반 투표가 시작된다.

주변에는 중증의 신경통이나 말기암 환자가 수많은 밤을 아픔과 고통으로 지새운다. 현재의 진통제 복용만으로는 고통이 감내되지 않아 시달리고 있기도 하다. 어쩌면 이들 환자에게는 대마초가 많은 도움이 될 수도 있다. 현실의 상황을 무시한 선입견과 고집은 시대의 변화에 적응을 못할 것이다. 이 대마초 사용이 우리 자녀들, 다음 세대 그리고 환자들에게 어떠한 위협적인 존재로 다가오게 될는지 사전 점검을 철저히 하고 의료인으로서 결정해 볼 일이다.

이웃, 아니 대마초가게를 현실 파악 차 방문하여 내 자신을 주인에게 정중하게 소개했다. 궁금증의 형상화다. 최대의 방어는 공격이라는 손자병법의 실행이다. 가게 안은 20대 건장한 젊은이들로 가득했고 자욱한 연기 속에 자리 잡은 이들은 ATM기계에서 현금을 찾는다. 이 가게에서는 현금 거래 뿐이다. 이 젊은이들은 아픔에 시달리고 있는 안색이 아닌 충혈된 눈, 그리고 대마초가 뇌에 계속적인 자극을 준 뒤 나타나는 나약함과 나른한 모습들 뿐, 어딘가 젊은 패기가 느껴지지 않는다.

판매 대기실의 몇 명과 대화를 나누었다. 인터뷰를 자청한 것이다. 대마초 처방은 의사를 찾아간 후 적절한 병명, 특히 우울증(주관적 병이다)들을 핑계대고 75불에서 150불 정도를 지불하면 일 년치 허

가서를 손쉽게 받는단다. 모든 것이 합법적이고 사용하는 그 순간은 즐겁고 평화롭기만 하단다. 대마초 사용 후 찾아오는 소외감, 무력감, 자기 손실감 등의 인간 실존의 존립의 의미를 느끼기에는 아직 이른 모양이다.

장을 담그는데 구더기가 자라는 격이다. 특히 이들 의사와 환자의 관계는 악어와 악어새의 관계로 이어져 있는 부류도 꽤 있으리라. 문명의 편리함 속에 물질의 풍요를 경험하는 사회, 쾌락위주, 안위일변도 때문에 삶의 가치관, 의지, 노력을 모두 상실해 가고 있는 현실의 흐름이다. 말을 타면 고삐를 마부에게 다 맡기어 버리고 싶어지는 그런 변화는 지향되어야겠다 생각해본다.

의사는 환자의 아픔과 고통을 무마해주는 일이 최상의 목표이고 의무이다. 옛 말에 구더기 무서워 장 못 담그냐는 말이 있듯이 마음을 열어야겠다. 그리고 더 많이 사용자들과 대담도 나누어 봐야겠다. 순리에 따른 조용한 변화만큼 가치 있는 것이 없다는 진리를 가슴에 담고 앞으로 다가 올 상황을 준비해야겠다.

환자의 진통과 고통이 현재보다 많이 경감될 수 있다면 그것도 의사의 선택권이다. 이 대마초 혁명이 우리 시대를 궁극적인 변화 가능성의 길로 열어주기를 기대해보면서 대마초 참고 서적들을 들추어본다. 대마초 사용시 각 개인들의 의학적 득실을 철저히 따져 볼 것이다. 또한 사회적인 면도 고려해 볼 것이다.

되로 주고
말로 받다

하루 일과 시작 전 이른 아침이다. 오피스 주위로 청소하는 인기척과 모터 돌아가는 소음이 들린다. 어김없이 창 너머로는 30년간을 빠짐없이 매주 청소를 해주는 미스터 L의 소년같이 맑은 얼굴이 보인다.

30년 전 가랑비가 머리에 살짝 얹혀지는 그런 토요일 오후였다. 외출했다가 집 입구에 들어서는 순간, 쭈그리고 앉아 정원을 가꾸고 있는 미스터 L의 모습이 들어왔다.

"아니, 아니 오전에 퇴원시켰는데 어떻게 이렇게 나타나서 정원을 가꾸고 있어요? 또 우리 집은 어떻게 알았어요?"

놀라 연달아 묻는 내게 그는 수줍은 듯 대답했다.

"치료해 주신 것에 감사의 표시를 하고 싶은데, 현재 제가 가지고 있는 거라곤 정원 가꾸는 기술뿐이어서요." 그는 퇴원 즉시 우리 집

주소를 알아내어 달려왔다는 것이었다.

그 후부터 그는 자연스럽게 우리 집 정원사가 되었고, 어느새 가족같이, 정다운 이웃같이, 아니 친구같이 되었다. 우리 오피스나 집에 일손이 필요할 때는 언제나 서슴없이 손을 내밀어 주었다. 말없이 매주 오피스에 나타나 꽃밭 손질도 파킹랏 청소도 무료로 말끔히 해준 지도 30년이 지났다.

그는 교통사고로 뇌에 피가 많이 고여 응급수술을 한 후 중환자실에 2주간 있었던 환자였다. 당시 의료보험이 없어 난감해 하던 그에게 의사 진찰비를 받지 않고 진료해준 게 이런 인연으로 이어진 것이다. 성실하고 정직한 성격의 그는 십만 달러가 넘는 병원비를 7년에 걸쳐 땀 흘려 번 돈으로 매달 꼬박꼬박 갚은 그런 사람이다. 나로서는 조그마한 호의를 오랜 세월의 큰 소중한 선물로 보상받았으니 "되로 주고 말로 받는다"는 옛 속담을 체험한 셈이다.

내과의사로 많은 환자를 접하다 보면 이런저런 인간관계에 얽혀 기쁨과 보람 못지않게 애로와 실망도 경험하게 된다. 그런 중에서 이런 환자를 치료할 수 있는 기회가 내게 주어졌다는 것을 깨닫게 되면 힘든 일들은 다 씻겨 나간다. 상자 속에 감추어졌던 빛나는 보석을 먼저 뚜껑을 열어 찾아낸 기쁨. 인간관계의 훈훈함에 마음 따뜻해지는 감동이 주는 치유의 힘이다.

얼마 전, 오래 타던 늙은 밴(van) 차를 팔려고 광고를 냈다. 그가 자기도 밴이 필요하다며 사겠다고 했다. 거저 가져가라는 나의 제의에 그는 펄쩍 뛰었다. 꼭 돈을 지불하고 가져가겠다는 그에게 나는 한참 설명했고 결국 "인간관계, 아니 우리 사이에는 돈보다 더 소중한 것이 있다. 돈이란 인간에게는 휴대용 행복일 뿐이고, 당신이 오늘까지 우리에게 베풀고 있는 수고의 가치에 비하면 돈은 아무 의미가 없다."라고 단호한 말로 설득한 후에야 밴을 '강제로' 넘겨줄 수 있었다.

일주일 후, 의논도 없이 통보도 없이 20년 넘은 우리 집 늙은 잔디가 싱싱한 푸른 잔디밭으로 바뀌었다. 그가 낡은 잔디를 전부 걷어버리고 새 잔디로 깔아 준 것이다. 밴을 거저 준 '마음'에 대한 자기 '마음의 대답'이라고 그는 여전히 수줍게 웃으며 말했다. 또 한 번 되로 주고 말로 받은 것이었다.

오늘도 오피스 창을 통해 땀 흘려 청소하는 그의 순수한 얼굴을 바라보며 앞으로 30년 후를 혼자 상상한다. 그땐 우리가 하늘 높은 곳, 꽃들이 만발한 푸른 초원에서 만나 볼 수 있게 될까. 풀을 깎을 필요도 없고, 병든 사람도 없는, 그래서 일손을 다 내려놓을 수 있는 그런 곳에서 흰 거품 가득한 맥주를 앞에 놓고 마주하고 싶은데…. 아무 말 하지 않아도 싱싱한 풀 냄새, 향기로운 꽃 냄새를 발할 그를 난 쉽게 찾아낼 수 있을 것이다.

개가 주는 작은 행복

금년이 병술년 개띠의 해라고 한다. 개는 주인이 잘 살든 못 살든, 무슨 짓을 하고 살든, 주인이 어떻게 생겼든 주인에게 변함없는 충성심을 보인다. 그래서 인간에게 사랑을 받는 동물이라 한다.

개의 해를 맞아 멕시코 의료봉사 중에 생긴 개에 관한 이야기 한 토막을 소개한다.

항상 그렇듯이 의료봉사 중에는 여러 일에 신경 쓰느라고 정신없다. 그 날은 우리 밸리에서 개업하고 있는 '제니 미용실'의 대학생 따님 재키가 같이 왔다. 이 어린 여대생 재키를 졸졸 따라다니고 있는 누런 개 한 마리가 여러 번 눈에 띄었다.

그 개는 제법 잘생긴 얼굴 모양새였으나, 갈비뼈가 앙상하게 돌출되어 있는데다가, 먹을 것을 찾는지 시종일관 코를 땅바닥에 박고 있는 것으로 보아 상당히 굶주려 있음을 알 수 있었다. 재키가 원주민들에게 주려고 끓인 매운 컵라면 두 그릇을 뚝딱 해치우고도 모자라서 파와 양파 찌꺼기까지 핥아먹었다. 빈 깡통만 안 들어서 그렇지 개중에도 상거지에 틀림없는 개였다. (이곳 농장의 대다수의 개들은 정도의 차이는 있지만 다 굶주려 있고, 영양실조로 메마르고 피부병 투성이다.)

밤 9시쯤 일을 거의 마감하면서 겨우 숨 쉴 여유를 가지고 어둠속에서 짐을 다시 꾸리고 있었다. 그때 재키와 자원봉사자로 우리와 몇 년째 일하고 있는 원주민 총각 알프레도라가 나에게 이 개를 빈민촌에서 꺼내오고 싶단다. 구제인가, 구출인가?

이 개는 한두 달쯤 전에, 너무나 가난하여 주민들도 먹고 살기 힘든 이 집단농장에 나타났다고 한다. 원치도 않았는데 굴러들어왔다는 표현이 정확하단다. 아마도 잃어버린 개 같단다.

이곳 원주민들도 동물을 사랑하는 어진 성품을 가지고 있어 이 길 잃은 개를 귀여워해 주고 쓰다듬어 주기는 하지만, 그들도 먹을 것이 없으니 누구 하나 책임지고 먹여줄 수가 없단다.

이 개는 워낙 가난에 굶주린 주민들이라 별로 떨어져 있는 것도 없는 땅바닥에서 음식 부스러기를 주워 먹으려고 코를 땅에 박고 흙바닥을 훑으면서 힘겹게 생명을 유지해가고 있고, 잠은 이 집 저 집 담벼락에 기대어 자고 있단다.(지금도 이 습관이 붙어 길거리를 다녀도 코를 땅에 박고 다니고 쓰레기통도 기웃거린다.)

원주민들도 이 개를 데리고 가버리면 대 환영일 것이라는 말로 시작하여, 알프레도 자기가 책임지고 잘 기를 테니 이곳에서 우리 숙소까지만 차를 태워 달란다. 총각으로 혼자 살고 있는 알프레도에게 다시 한 번 다짐을 받았다. 개에 대한 모든 것을 보살피고 길러야 한다는 확약을….

개가 너무 더러운 데다가 벼룩이 들끓고 있어서 일행 모두(차가 4대) 아무도 선뜻 자기 차에 태우기를 꺼린다. 나는 트럭 뒤에 트레일러를 달고 있기 때문에, 내 트레일러에 태우고 숙소인 호텔로 왔다.

알프레도가 호텔 매니저에게 안 들키게 우리가 내일 떠날 때까지 하루만 맡아달라고 부탁한다. 뒷문으로 몰래 데리고 온 개가 너무 더럽고 벼룩 투성이여서 일행 누구 하나 숙소에 감추어줄 엄두를 못 낸다. 이번에도 어쩔 수 없이 내가 맡을 수밖에 없었다.

내 방 샤워장에 개를 집어넣고, 나도 발가벗은 채로(벼룩이 내복에 튀어올까 봐) 샤워를 시켰다. 지금 생각해 보면 참 우스운 장면이다. 이국땅 낯선 호텔방 샤워장에서 한밤중에 벌거벗은 한 남자가 큰 개를 씻기고 있다니. 지금도 웃음이 나온다.

나는 그 개에게 물릴까 봐 은근히 겁을 냈었다. 개가 놀라서 달려들지도 모를 일이 아닌가. 다행히 개는 얌전하게 몸을 맡기고 나의 목욕 서비스를 즐기는 듯 했다. 그렇게 40여 분을 가지고간 모든 샴푸, 비누와 숙소에 있는 것들까지 다 써가면서 씻고 또 씻기다 보니 계속 나오는 구정물 외에도 까만 깨알보다 작은 죽은 벼룩들의 익사체가 샤워장 바닥에 쌓였다. 깨끗이 씻긴 개를 재키에게 인계하면서 하룻밤을 재워주라고 부탁했다.

다음 날 개의 이름을 멕시코말로 Suertito(행운아)라고 작명해주고, 알프레도에게도 개와 같이 행운을 가지라고 말하고 그곳을 떠나왔다.

LA로 돌아온 나는 항상 그렇듯이 그곳 일은 잊어버리고 내과의사 일로 정신이 없었다. 그런데, 떠나온 지 일주일이 지나서 알프레도에게서 국제전화가 걸려왔다. 몇 년 만에 나에게 처음 한 전화다.

사연인즉, 생각보다 큰 개를 기르는 것이 쉽지가 않고, 자기가 살고 있는 단칸방의 매니저가 개를 보는 눈길이 곱지 않단다. 그러니 어떻게 하면 좋겠냐는 그에게 나는 불뚝 화가 치밀어왔다. 확실하게 다짐을 받고 꺼내주었는데 이제 와서 무슨 말이냐, 또한 미국에 있는 내가 무슨 해결을 할 수 있겠느냐고 따지니, 그는 기가 죽어서 자기 주위 사람들도 못 맡아 기르겠다니 최악의 경우엔 처음 상태대로 그 집단 농장 빈민촌에 다시 데려가면 어떻겠냐고 한다.

'행운아'라는 이름이 부서지는 순간이다. 순간적으로 그 개의 앙상한 갈비뼈와 컵라면 두 그릇이 내 머리에 떠올랐다.

그렇게 해서는 안 된다고 말하고, 다른 자원봉사자인 게르모에게 전화하여 맡아 길러줄 수 없는지 타진하였다. 항상 궂은 일, 힘든 일을 묵묵히 열심히 봉사하는 게르모는 차마 내 청을 거절은 못하겠지만, 자기도 조그만 단칸방에서 부인과 같이 살고 있는 형편이니, 바깥 처마 밑에 기르면서 비가 오면 잠시만 안에서 재우겠단다. 그러니 빨리 선처해 주기를 바란다고 한다.

문득 밸리에 계신 어머님이 생각났다. 애견가인 어머님이 평생을 작은 개들만 길러보아서 한번 큰 개를 길러보고 싶으시다고 말씀하신 것이 생각났다. 어머님께 자초지종을 말씀 드리니 한번 길러보고 싶으시단다.

그로부터 일주일 후에 금요일 진료를 마치고, 승용차의 액셀러레이터를 힘차게 밟으면서 멕시코 샌퀸틴으로 향했다. 물론 개의 예방주사약과 미국 입국(?)에 필요한 서류를 구비했다.

그곳에 도착하니 밤 11시가 되었다. 개를 인수받고 숙소에서 다시 목욕시키고 잠자리에 드니 새벽 2시경이었다. 새벽 5시경 개가 곤하게 자고 있는 내게 다가와서 바로 흔들어 깨우고 있었다. 아마도 대소변 보고 싶어서 그러는 모양인데, 너무 피곤하여 제발 한 시간만 더 자게 해달라고 내뱉고 다시 잠이 들었다.

동이 트는 새벽 6시반경 둘이 바닷가로 나와 모래사장에서 개와 경주하며 조깅을 시작했다. 물속에서 첨벙거리며 물새를 쫓아다니고, 뛰다가 파도를 피해 수영하며 마냥 즐거워하는 개를 바라보면서, 이렇게 자유롭고 평화롭게 자연을 즐기면서 맘껏 뛸 수 있는 이 멕시코 땅이 음식만 해결될 수 있다면 LA보다 훨씬 더 좋은 곳일 터인데 하는 생각을 했다.

7년 이상을 큰 트럭을 몰고 장시간 운전한 경험으로 승용차로 LA로 돌아오는 길은 10시간이나 걸렸으나 너무 편하고 쉬웠다. 옆에 얌전히 자고 있는 개까지 있으니 별로 지루함도 못 느꼈다.

미국 국경에서 이민국 직원에게 개에 관한 구비서류를 제출하고 쉽게 국경을 통과하는 순간 한 생각이 머리를 스치고 지나갔다. 개는 이렇게 쉽게 미국으로 올 수 있는데, 왜 귀중한 인간, 특히 생명이 위험한 사람들, 미국 시설의 좋은 치료로 혜택을 받아야 할 환자들은 왜 안 되는 것인가…. 그런 치료가 절대적으로 필요했던 몇몇 환자들의 얼굴이 떠올랐다. 우리 능력의 한계를 다시 실감했다. 체념이랄까?

내가 데려간 개를 보신 80이 넘으신 어머님이 당신의 의욕처럼 큰 개를 기르시기가 쉽지 않으신지 훈련시켜 주면 길러보시겠단다. 그래서 훈련소에 2주간 맡겨 어느 정도 훈련이 된 다음에 다시 보냈으나 여전히 벅차하셨다. 나와의 약속 때문에 내 눈치를 힐끗힐끗 보면서 힘들다고 말씀하시는 것이 나에게 다시 떠맡기고 싶으신 것 같다.

나는 생활이 바빠 개를 기를 엄두는 안 났다. 그러나 어머님 형편이 그러시니 어쩔 도리가 없었다. 다시 개를 내주면서 한마디 덧붙이신다.

"이 곳 밸리에 사는 친구 할머니의 따님은 임신이 수년간 안 되어 포기하고 있었는데, 길거리에 버려진 개를 주워다 잘 기르고 나서 기다리던 아이를 임신되었으니, 개를 버리지 않으면 집안에 복이 들어온단다."

나에게 버리지 말라는 말씀이고, 또한 애견가다운 말씀이었다. 이런저런 여러 사연을 거쳐 내가 이 개를 맡은 지 벌써 10개월이 되어간다. 개의 이름도 미국이름으로 바뀌었다. 멕시코에서 지어준 '행운아'에서 미국이름 Sloopy로 바뀌었다. 옛날 학생 때 유행했던 팝송 〈Hang on Sloopy〉에서 따온 이름이다.(snoopy라는 charie brown개가 아님)

오늘도 동이 막 트기 전 새벽녘에 일찍 일어나 진료를 하기 2~3시간 전에 아침을 싸들고 발보아 공원에 나와 개와 같이 뛰고 있다. 개의 건강뿐만 아니라 나의 건강에도 많이 도움이 되고 있다. 땀을 쏟고 나서, 그곳 공원 테이블에 앉아 안개가 뽀얗게 쌓인 호수를 바라보며 싸가지고 온 아침을 먹는다.

호수 주위의 싱그러운 잔디, 나무, 물안개를 즐기면서 진 웹스터(Jean Webster)가 쓴 〈키다리 아저씨〉의 한 구절을 되새기며 마음으로 동감해 본다.

"정말로 그래요. 세상은 행복으로 가득 찼어요. 우리가 자기 앞에 오는 행복을 기꺼이 받으려고만 한다면 모두에게 다 돌아갈 정도로 행복은 많이 있는 것이에요. 그 비결은 우리가 순응하려고 하는데 있죠. 모든 사람이 땅을 거닐 수도 있고, 모든 사람이 경치를 바라볼 수도 있으며, 모든 사람이 개울에서 첨벙 댈 수가 있답니다. 모든 땅이 내 것인 양 즐길 수가 있죠.—세금도 내지 않고 말이에요."

Sloopy는 지금은 너무 살이 쪄서 다이어트를 시킬 정도가 되었는데도, 옛날 버릇이 남아서 지금도 코를 땅에 박고 걸어 다니며 쓰레기통을 기웃거린다. 짧은 시간에 5번이나 주인이 바뀌었는데, 새 주인이 다시 버릴까봐 잠깐 딴 곳에 맡기면 기가 죽어 하얗게 까뒤집은 눈동자만 굴린다.

Sloopy를 기르면서 더욱 바빠지고 힘들고 귀찮은 일도 많다. 그러나 개 때문에 이 공원에 나오게 되어 내 건강에도 도움이 되고, 또한 이런 행복을 모든 사람이 가질 수도 있을 것이라는 생각이 든다. 이처럼 작은 행복을 절절이 동감하고 느끼게 해준 것이 병술년 개의 해에 나에게 주어진 복인 것 같다.

인술(仁術)과 인심(人心)

의술은 인술이다. 그러나 요즘 같은 각박한 세상에 사는 우리는, 의사도 환자도 너무나 자주 이 말을 잊고 살아간다.

얼마 전 평소 가깝게 지내던 미국인 심장내과 의사가 호흡기에 이상이 있는 듯싶다면서 샌퍼난도 밸리의 유명한 원로 변호사인 환자를 내게 보냈다.

환자 자신은 가슴만 약간 답답할 뿐이라고 태연하게 말했지만 테스트 결과는 상당히 심각했다. 곧바로 중환자실에 입원을 시켰다. 그래도 환자는 여전히 자기의 정확한 병력을 숨기더니 자기의 건강보험이 오래 전부터 증세가 있었어도 커버가 된다는 것을 여러 차례 전화를 통해 또 서류상으로 확인을 받은 후에야 입을 열었다.

그가 내게 이야기한 증세는 너무나 심각한 것이어서 나를 아연실색케 했다.

이 변호사는 중환자실에서도 기력이 허용하는 한 여지없이 직업의식을 발동시켰다. 이것은 법에 어긋난다, 그런 경우엔 고소를 할 수 있다는 등등 까다로운 정도가 지나치자 간호사와 다른 진료진들도 자연 이 환자와 거리감을 갖고 대하게 되었다.

그런데 문제는 이 환자가 호흡 곤란이 점점 악화되어 외부 산소공급이 꼭 필요하게 된 상태인데도 치료를 거부하는 것이었다. 본인이 늘 '고소'를 입에 담던 변호사인만큼 간호사에게 치료를 안 받겠다는 서명한 서류를 넘겨주고는 치료를 마다하는 것이다. 툭하면 가족끼리건 친구끼리건 법정으로 달려간다는 미국의 소송사태가 병실 안에까지 꽉 찬 것 같아 쓴웃음이 나왔다.

그날 밤 지친 몸에 겨우 눈 좀 붙이려니까 병원에서 긴급전화가 왔다. 새벽 1시였다. 그 변호사 환자의 호흡상태가 아주 위급한데 여전히 산소 공급을 거부한다는 것이었다.

병원으로 달려온 내 눈앞에는 기가 막힌 광경이 벌어지고 있었다. 중환자실에 누워있어야 할 그 환자가 간호사들이 끌어다 놓은 문 중턱의 침대에 누워서 호흡 곤란에 서서히 창백한 질식 상태로 들어가고 있었고 간호사들은 그 주위를 빙 둘러서서 죽어가는 과정을 관찰하는 듯한 광경이었다.

산소 부족으로 숨이 넘어갈 상태의 환자 손을 붙잡고 나는 설득했다. "남을 위해서만 변호를 할 것이 아니라 이제는 자신의 목숨을 변호할 때"라고. 하나밖에 없는 소중한 목숨을 이렇게 버리는 것은 아무 죄 없는 사람이 억울한 누명을 쓰고 정당성을 가려낼 재판도 못 받아 본 채 평생을 감옥에서 지내는 것과 같지 않겠느냐고 설득했다.

고집스런 표정이 조금씩 풀려가면서 주름진 얼굴이 끄덕거리자 곧 바로 인공호흡기를 걸어 위기를 넘길 수 있었다. 쓰러질 듯 피곤한 몸으로 병원 밖에 나오니 차가운 밤공기가 뼛속, 마음속까지 떨리게 한다. 유난히 추웠다.

밤잠을 못 자서가 아니었다. 갑자기 내가 살고 있는 주위가 너무 썰렁해서였다.

변호사의 어리석은 자존심에 의한 치료 거부 사인이나, 이 사인만 받았다고 법적으로 책임이 없다면서 죽어가는 사람을 속수무책으로 지켜보던 주위사람이나, 생명은 접어두고 건강보험 커버리지를 확인한 후에야 치료를 받겠다는 환자….

너무나도 규정에 철두철미한 생활태도. 모두가 내 피곤한 마음을 더욱 춥게 만드는 것이다.

들꽃과 삶

봄이 찾아 왔다. 마당의 녹색의 빛을 발하는 잔디조차도 봄을 뿜어댄다. 멀지 않은 야외 벌판에는 들꽃들이 펼쳐져 있다. 눈부신 원색의 꽃 잔치가 벌어진 것이다. 황토 흙에 뿌려져 널따란 눈부신 초원을 이루었다. 샛빨강, 샛노랑 그리고 새하얀 물감들로 채색되어 큰 캠퍼스처럼 우리 눈을 부시게 한다. 감당할 수 있는 만큼 눈을 아프게 한다. 아니 벅찬 가슴에 심장이 떨린다.

누군가는 이들이 너무나도 아름다워 한 움큼 파다가 자기네 집마당에 옮겨 놓았다. 그리고 매일 정성들여 거름과 물을 주며 길렀으나 죽어버렸단다. 이들은 장미나 백합이 아니다. 들꽃들의 생명력은 오직 거친 바람에 휘날려오는 황토 흙과 뜨거운 태양 볕 속에서 얼굴을 쳐들고 한 무리로서 생명을 피우지 장미나 백합의 향내도 아니다. 무취의 냄새로 매혹하지 않는 꽃들이다. 개개인의 이름을 필요치 않는다. 그저 같이 어울러져서 하나의 조화를 이루어 낼 뿐이다.

일 년을 땅속 어두움 속에서 기다리며 추위를 이겨내며 기다리다가 봄에 일제히 솟아나 텅 빈 공간들을 눈이 부시도록 채워준다. 들꽃들의 짧은 기간의 향연이다. 멋있는 전람회장이나 잘 가꾸어진 화단 혹은 화병을 요구하지도 않는다. 아니 필요치가 않다. 2~3주가 지나면 그들의 색깔의 잔치들이 차가운 밤하늘에 고개 숙이고 내년을 기약하며 들어가 버린다. 이것들을 반복해서 받아들이고 조용히 기다림 속으로 들어가 버리는 들꽃. 자기의 이름을 내세우지 않고 동료들과 같이 어우러져 하나의 아름다움을 창조해내는 들꽃들을 보면서 우리의 주변 생활도 이렇게 이 세상을, 이 우주를 장식해 줄 수 있다면 우리가 얼마나 삶의 충만함을 느끼게 될까 생각해본다.

모든 풍요의 원천은 우리의 외부에 있는 것만은 아니다. 먼저 바깥의 풍요를 내부에서 느끼고 알아채는 일로부터 시작해야 한다. 더할 나위 없이 작은 것, 가장 가벼운 것 그리고 미미한 것 등에서 우리를 둘러싼 충만함을 느껴야 할 것이다. 이 들꽃들이 온 들녘을 눈부시게 채워버리는 충만함, 그리고 모든 것을 체념할 수밖에 없는 시기가 왔을 때는 자연히 받아들이고 조용히 떠나 가버리고 다음을 기다릴 줄 아는 들꽃, 나는 그들의 지혜를 배우기 위해 야외로 나가봐야겠다. 그들을 만나야겠다. 그리고 그들의 웅장한 아름다움 앞에서 조용히 눈도 감아봐야겠다. 고통에 동화하는 타고난 마음됨됨, 순수한 아름다움을 뽐어대는 그들의 진정성과 마음을 헤아릴 수가 있을 것이다. 후에 사라질 그들을 마음속에서 보기 위하여 그들의 축제가 끝난 후에 눈을 감아 볼 것이다.

혼자만의 시간이 주는 선물

허허한 황토벌판과 비릿한 초록 바다가 있는 곳이다. 낮에는 그곳 원주민의 땀 냄새를 맡으며, 밤에는 검은 물결 위에 바스러지는 별빛을 바라보며 가슴 벅찬 16년을 보냈다. L.A.에서 트럭으로 10시간 넘는 거리에서 기다리는 원주민들과의 진료 예약 약속 때문에 피치 못해 홀로 간 적도 몇 번 있었다.(초창기 주민들에겐 유일한 소식 전달 수단이었던 A.M.방송으로 전 지역에 알려 놓았으니 약속 취소도 힘들었다.)

도로엔 차량들도 뜸한 캄캄한 밤중, 내가 모는 트럭 바퀴소리만이 내 귓가에 가까이 다가올 정도로 적막했다. 차안 운전대 앞의 대시보드 안에 빛나는 계기판의 파란 글자들이 차갑고도, 아름답게 느껴지곤 했다.

교교한 달빛을 받으며 은빛으로 펼쳐진 넓은 벌판과 산골짜기를 가로지르며 달리는 트럭 위로 하나하나 또렷하게 빛나면서 한꺼번에 함께 쏟아 붓는 별빛을 뿌리는 무한한 공간의 우주 속에서, 그 웅대함과 그 속에서 꿈틀거리는 하나의 작은 점에 불과한 나 자신임을 깨달으며 신 앞에 고개가 절로 숙여지는 겸손의 시간들이었다. 자연, 아니 매개자가 없이 우주와 나와 신만이 있는, 성자들이 가졌을 직접 신의 대화의 창구인 기도가 이런 게 아닐까 생각되기도 했다.

한 번도 이런 깊은 기도를 해보지 못했던 나는 기도시간을 갖고 싶어 일정 중에는 꼭 새벽에 일어나 홀로 적막한 바닷가 산책을 하곤 했다. 눈앞에 보이는 것이라고는 하늘과 바다 그리고 모래사장뿐이었다.

숙소는 외딴곳에 16마일이나 되는 긴 모래사장 위에 덩그러니 멕시코 정부가 세워놓은 조그마한 호텔이다.

인적 없는 바닷가를 동녘이 트기 바로 직전부터 산책을 시작한다. 새벽 바닷가에 혼자 거닐며 내가 나를 만나는 시간이다. 나와의 만남 이후 타인과의 만남이 더 소중함도 깨닫게 되었다. 혼자 있는 시간이 우리의 생애 중에서 가장 소중하고 성스러움을 알게 되었다.

어떤 샘은 우리가 홀로 있을 때에만 솟아오른다고 한다. 예술가는 창조를 위해, 작가는 사색의 정리를 위해, 음악가는 작곡을 위해 그리고 성자는 기도를 위해 혼자 있지 않으면 안 된다고 한다. 나 같은 평범한 보통 사람도 멕시코의 샌퀸틴 해변에서 과분한 시간을 공유한 것이다.

나는 16년 동안 방에 있는 위성 TV를 단 한 번도 켜본 적도 없었다. 일하는 도중 틈틈이 주어지는 짧은 시간이 TV를 보고 있기에는 너무 아까워서다. 의료봉사를 떠날 때마다 시내 서점에서 시집 한 권씩을 구입하여 짧은 시간 짬짬이 창 밖에 펼쳐있는 바닷가를 보며 시 구절 구절을 읽곤 했다. 그 덕분으로 의료봉사 4~5년부터는 현장에서 느끼는 벅찬 감정들이 자연스럽게 글로 옮겨지기 시작했다.

글을 쓴다고 하기에는 여전히 미숙한 아마추어지만 문학의 관심이 시내의 문학행사나 강의에 참여를 자주 하게 되었고 행사 때 음악이 필요하다면 그 시 구절에 적합한 음악들을 P.A.장비를 가지고 가서 들려주었다. 음악에는 조금 쌓아놓은 경력이 있다.

항간에 말하는 등단 같은 것을 생각해본 적도 없었다. 문인으로서는 자격도 미흡하고 그냥 내 자신의 삶 속에 문학도 참여시킬 뿐이다. 문학 서적을 읽는 것이 생활화되었다. 한 친구는 병원 일도 바쁠 텐데 아까운 시간을 문학행사에 보내면서 소득 없이 낭비하느냐고 충고한다. 혹자는 은퇴 계획으로 금전을 쌓겠지만, 나는 언제일지 모르지만 은퇴 후의 주어지는 시간의 공간을 채울 것 중 문학이라는 재산 목록으로 하나 더 위시리스트 바스켓에 넣고 후에 즐기기 위해 기초를 닦고 있다고 말해 주었다.

16년간 내 모든 것을 받친 봉사의 시간들은 내게 값진 것을 남겨 주었다. 문학은 예상치 못하게 얻어진 선물 중 하나다.

'일에는 은퇴, 삶에는 데뷔'라는 말이 있다. 16년이라는 길다면 긴 세월을 바친 후 받은 이런 선물들이 아직 예정에는 없지만 언젠가는 다가올 은퇴 후의 시간에 데뷔해 줄 것이다. 무섭던 파도 소리, 외롭던 갈매기의 울음소리, 별빛 가득한 밤하늘을 씌웠던 바람 소리… 내 기억 속에 생생한 그 우주의 소리들을 배경 음악으로 가지고 나만을 위하여 습관적으로 자연스럽게 글을 쓰는 시간을 갖게 될 것이다. 혼자만으로도 흐뭇함과 가슴 벅찰 그 시간에 대한 기대에 벌써부터 마음이 설레기 시작한다.

그 유명한 19 세기의 철학자 임마누엘 칸트는 행복의 원칙3대 조건으로 첫째, 어떤 일에 희망을 가질 것. 둘째, 사랑할 어떤 사람이나 대상이 있을 것. 셋째 어떤 할 일이 있을 것을 꼽았다. 희망과 사랑할 대상과 할 일이 하나 더 생기는 것은 얼마나 근사한 일인가.

진찰실 안의 두려움

진찰실 안에서 담당 의사를 기다리는 환자의 마음에는 두려움이 깔려있다. 상실에 대한 두려움, 상처를 입을 수 있다는데 대한 두려움, 아픔에 대한 두려움 등등. 특히 별 장식도, 창문도 없는 하얀 벽으로 둘러싸인 진찰실 안에서 적막, 거기에 기다리는 시간이 길어질수록 비례하여 걱정과 두려움이 가중된다. 염려한 대로 중병으로 확진되는 경우도 생기고 완치 가능성이 없는 경우도 생길 수 있으니 왜 아니 그렇겠는가. 그런데 환자에게 중병의 진단을 알려주는 의사 입장에서도 치료의 한계에 마음이 무겁기는 마찬가지이다.

어느 사상가는 권한다. 환자 자신이 연금술사가 되어 쇳덩어리를 황금으로 바꾸듯이, 다양한 형태의 고통을 깨어있는 의식으로, 세상만사가 존재의 본질이라는 깨달음으로 이루도록 명상을 하라고 한다. 어려운 철학적인 충고다. 깨달음만으로는 완전히 행복해질 수는 없겠지만 두려움과 고통이 우리 내면의 고요와 평화로 변화된다면 종교에서 말하는 '신의 평화' 같은 마음이 되어진다면 몸과 마음의 아픔이 완화가 된다는 것이다.

이런 면에서 종교가 필요한 이유 중의 하나이겠지만 평범한 우리가 그런 경지에 도달하기는 쉽지 않을 것이다. 의사가 병이나 고치지 웬 도사 같은 충고를 하나 싶지만, 평안과 생리적인 병의 완화가 의술로만 오는 것은 아니니다.

우리 몸 내장을 지배하는 신경 세계의 자율신경계에는 교감신경과 부교감신경이 있다. 불안, 근심, 걱정, 두려움, 질투, 분노 등으로 교감신경이 자극되어 심장박동이 빨라지고, 소화불량이 오며 식욕도 감소되어 몸 전체의 기능이 떨어진다. 질병에 대한 저항성이 감소된다. 이에 반해 평온한 마음, 욕심 없는 마음(마음을 비운다는 마음), 사랑하는 마음이 부교감신경이 자극되어, 좋은 수면을 갖게 해주며, 몸 근육의 이완으로 아픔이 경감되고 육체의 건강한 활력과 질병의 저항성이 강해진다 .

아픔이 찾아 왔을 때 깨달음에 이른 예는 주위에는 우리 주위에도 많았다. 아프지 않았다면 드리지 못했을 기도들이 있었고, 아프지 않았을 때는 들리지 않던 말씀들이 있었고, 아프지 않았을 때 가깝게 느껴지지도, 우러러 보여지지 않았던 거룩한 성전이 보였다. 아프지 않았다면, 인간이 부족한 존재라는 겸손을 몰랐을 것이다.

일전에 가까운 환자의 주치의로서 시내 암 전문의 병원 진찰실에서 같이 기다리고 있었다. 적막한 기다림 중 벽에 걸린 액자의 글을 읽게 되었다.

집 정원이 떠오른다면, 떨어진 낙엽을 헤아리지 말고 꽃들의 수많은 가지 수를 세어 보세요.

당신이 지금 과거를 회상하고 있다면, 구름 끼었던 시절을 생각 마시고 좋았던 황금시절들만을 되새김질을 해보세요.

당신이 지금 어두운 밤을 연상하고 있다면, 깜깜한 암흑을 생각하지 마시고 밤하늘의 영롱하게 빛나던 별빛들만을 떠올리세요.

지금 당신의 나이가 많아졌음을 헤아려들려고 마시고, 긴 세월 동안 쌓인 정다운 친구들의 숫자가 많음과 그들의 얼굴들을 헤아려보세요.

나와 함께 액자의 글을 읽던 환자의 굳었던 표정이 밝아지면서 마음에 평안이 깃드는 것을 볼 수 있었다. 깜깜한 긴 터널 속에서 저 끝의 밝은 빛을 보는 그런 심정일 것이다. 나도 환자들의 불안한 마음에 안도와 평온을 줄 수 있도록 잔잔한 음악을 흐르게 해주고, 아름다운 그림과 가슴에 다가올 수 있는 문구를 벽에 걸어 놓아야겠다.

마리화나,
대마초

– Nick name : weed, pot, grass herb

개요

마약 종류로 취급하여 일반 대중에 나와는 관계가 없는 흉물로 취급하며 너무나도 아는 바가 없는 거의 백지 상태로(특히 노년층), 현실적으로는 너무 가까이 우리에게 다가와 조만간에는 담배 사듯이 쉽게 매점에서 살 수 있게 될 것이다(콜로라도는 현재 7gm까지 소유 허용). California는 의료용 대마초 사용을 허용하는 법(Compassio-nate use act of 1996 Health & Safety code 11362.5)을 1996년에 통과하여 현재까지 계속 사용영역을 넓혀 요즘은 젊은 층에 파급된 정도가 이미 우리가 손을 댈 수 없는 정도까지 이르렀다.

여론도 많이 달라져 현재는 미국인들의 과반수가 마리화나의 합법화를 찬성한다는 측이 58%에 달했다.(작년은 48%, GALLOP 여론조사, 1969년에는 13%, 1996년 30%)

아마도 금년 11월에 붙여진 마리화나 여가용 사용허가 발의 안이 통과될 전망이다. 현재 고등학생 40% 이상이 마리화나 사용한 경험이 있고, 전 세계인구의 4%가 사용하고 있으며, 0.6%(22.5 million)은 이를 매일 흡연하고 있다.

이런 관점에서 의학자로서 이의 실상을 정확히 알려 주어야 하리라 생각되어진다. 현재 연구 결과는 다른 분야보다 덜 진행된 상황인데 그 이유 중 하나는 미국 FDA 식품의약국에서 이를 연구하는 기관에 자료 투여에 필요한 마리화나 재배를 허용해 주지 않아서 아직도 의문점은 많이 남아있으나 그 동안의 연구 결과를 간추려 이야기 하겠다.

Cannabis 라는 식물

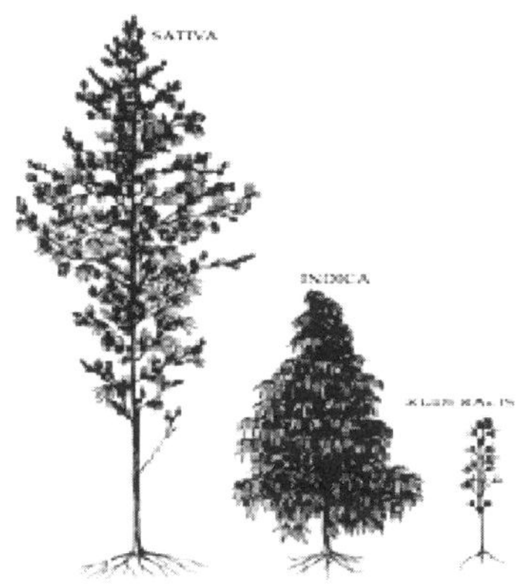

[종류] Cannabis Indica, Cannabis Sativa

여기서 추출된 성분인 THC(Tetrahydrocannabinol)이 있고, 이것이 항정신적으로 생리적인 영향을 초래하는 주성분이다. 이 THC 는 식물에서 3-22%를 차지하며 싹(Butts flower)에 가장 많은 성분이 있고, 그 다음은 잎사귀(Leaves)에 많다. 줄기나 씨에는 아주 미량만 포함될 뿐이다.

흔한 대마초 담배에는 0.5g 내지 1g의 식물이 들어가는데(THC 10-40mg) 담배로 흡연할 시 즉시 폐를 통해 혈액으로 이동해 몸 조직으로 스며든다. 이는 지용성이라 약물반응검사를 할 때, 10일까지 체내에 존재하고 머리카락 성분에서는 6개월간 감지된다. 많이 복용 시에는 일반적으로 3-4개월까지 약물반응검사에서 양성으로 나온다.

한국사법당국은 미국에서 마리화나를 흡입하고 귀국했어도 한국

법에 따라 처벌(합법화국에서 피우고 왔을 경우에도 포함)을 받게 된다. 담배와 마찬가지로 이 잎에는 400가지의 다른 성분도 같이 흡입하게 되는데 그 성분 중에 Ammonia, Hydrogen cyanide, Nitrogen oxide, 그리고 암유발성분인 PAH(Polycystic aromatic hydrocarbon)가 미량(그러나 담배보다 많이 포함), 현 California 에서 2009년부터 암유발인자로 규정한 성분으로 Nitrosamine reactive aldehydes & polycystic hydrocarbon 등이 검출된다.

[**투여 방법**] 담배형태로 흡입, 과자형태(초보자가 많이 사용), 액체, 분말가루, 분사

● 단기 사용자

- 정신적 즉각, 단기 영향은 1-3시간 흡수되면 뇌에 있는 마리화나 수용기(cannabinoid receptor)에 붙어 신경전달물 중의 하나인 Dopamine과 norepinephrine이 증가되면서 행복감(술 취한 것과 비슷)이나, 분노(Anxiety), 안정감(Feeling of well being), 안정(Relaxation), 음악이나 유머에 대한 느낌이 강해지고 성욕이나 성감이 항진된다. 특히 분노(anxiety)를 느끼는 경우가 20-30%가 되는데 이가 가장 흔히 보는 즉각 부작용중 하나이다.
- 과량 흡입시는 환청, 환각, 환상과 현실에 대한 감각이 없어져

공포증으로 편집적, 비현실적으로 사람이 바뀌어 과대망상, 피해망상을 보인다. 이런 증상이 보통 6시간 지속되나 만성 흡연자는 이런 증상이 여러 달 지속될 수 있다.

- 생리적, 육체적인 영향 : 눈동자 충혈, 심장 박동수 증가가 오는데, Dopamine이나 Norepinephrine의 영향으로 심근 경색증, 관상동맥증을 유발하므로 심장병 환자는 복용하지 않는 것이 필요하다. 놀이터에서 merry go round(회전목마 등)를 타고 빙빙 돌면 처음에는 좋지만, 몇 시간 더 타고 계속 빙빙 돌게 되면 죽을 것같이 싫은 것처럼 처음에는 행동이 항진되지만 그 후에는 행동들이 저하된다. 그리하여 차 운전(흡연시 운전을 잘한다는 사람도 생기나)을 할 때나 예상치 않던 돌발사고 같은 것이 생기고 처리 능력이 부족해진다. (한쪽이 너무 흥분되어 있어 다른 기능은 저하된 상태여서 즉각 사고반응 시간 즉, Reaction time이 늦어지는 것이다.)

[참고]

- Receptor(수용기관)가 많은 부위
- Basal ganglia(뇌간 신경절) – Movement control(움직임 통제)
- Cerebellum(소뇌) – Body movement(신체 움직임)
- Hippocampus(해마[우리 뇌의 기억을 저장하는 기관]) – Learning,

memory & stress control(배움, 기억력 그리고 스트레스 통제)

- Cerebral cortex(대뇌피질) - Higher cognition function(높은 인지기능)
- Homeostatic function(항상성 기능) - spinal cord(척수) - peripheral sensation higher pain(말초 감각의 통증)

[운전]

- 흡연 3시간 내로 운전하면 차량사고 확률이 2배로 높아진다.(운전위반의 혈중농도가 콜로라도 주에서는 5nano grams/ml) 그러나 술보다 사고 건수가 작은 이유는 마리화나는 주로 집에서 피우기 때문에 운전 chance 가 적다. 술은 바깥에서 마시는 경우가 대부분이라 집으로 귀가 시 술의 우리 몸속에 존재해 있을 확률이 높다. 마리화나를 흡연하고 운전할 경우 평소보다 천천히 운전을 하지만 술은 과속으로 운전하는 경향이 생긴다.

● 장기 사용자(Chronic User)

연구 결과가 많지 않으나 정신적으로는,

- 기억력 결핍, 수면장애 - 술에 비해 적다.
- 분노(anxiety), 우울증(depression), 정신분열증이 증가할 가능성이 있다.

- Amotivational syndrome(모든 일에 기력이 없고 의욕이 없어지는 증후군) - 알코올 중독자처럼 사회생활에서 필요한 성취감, 노력 등이 저하되고, 어쩌면 쉽게 구하는 쾌락(즐거움과는 다름) 나아가서는 다른 약도 추구해보는 쾌락위주의 경향으로 흐른다.
- Gateway drug(다른 더 센 마약을 추구하는 초입단계의 계기가 될 수 있다.)
- Hippocampus(해마-우리 뇌의 기억을 저장하는 기관)의 변화 - 쥐를 상대로 동물실험을 했을 때 마리화나를 투여한 어린 쥐가 어른 쥐가 되었을 경우, 인식의 장애를 보이는데 해부학적이나 기능적, 혹은 구조적으로 hippocampus의 변화가 보여진다.(I.Q.가 6내지7 저하.)

신체적으로는,

- 매연으로 기관지가 자극되어 폐호흡량 감소(VC), 만성 기관지 자극(Chronic Bronchial Irritation), 산소 흡수 능력 저하 (DLCO)
- 폐암유발 (아직 확실한 증거는 없다 그러나 먼 훗날 암 유발인자들을 포함하여 나타날 것인지 두고 볼 일이다 . 흡입시 400개의 딴 성분도 흡입하게 되는 것 기억해 둘 것)
- 만성 사용자가 중단시/안진증(Nystagmus), 손떨림(Tremor), 땀(Sweat), 구역질(Nauseate), 설사(Diarrhea), 식욕부진(Anorexia),

그리고 수면장애(Sleep disorder)를 보이나 알코올 중독자가 술을 중단했을 때보다는 그 강도가 미약하다.

- 남성 호르몬(Testosterone)이 줄어든다는 설도 있으나 아직 확인되지 않았다.(데이터 부족)
- AIDS 환자에 투여시 면역기전이 감소된다.

* 임산부가 흡연했을 경우 유산, 뱃속 아이의 성장저하, 출생 후 아이의 인식기능 저하 등 부작용이 생긴다. Australia 에서는 임산부 마리화나 흡연이 금지되어 있다.

- 치료용 마리화나(Medical Marijuana)
- 암 약물치료시의 구역질, 구토를 억제한다.
- 진통효과(관절염, 신경염)가 있다.
- 근육강직을 풀어준다(Decrease Muscle Spasticity). 고려병/근육경화증(Muscle Sclerosis)에 효과적이다.
- AIDS 환자의 식욕증진 효과가 있고 일반적으로 식욕이 증가한다.(Endocannabinoid in the hypothalamus activate cannabinoid receptors that are responsible for maintain food intake) 우리 신경에는 시상하부라는 것이 있는데 그 시상하부 내에 엔도카나비노이드라는 것이 마리화나를 흡연했을 경우 카나비노이드를 자극시켜 음식을 섭취하는 수용기관을 자극으로 식욕을 촉진한다.

- 녹내장의 안압을 저하시킨다.
- 불면증 우울증 치료에 쓸 수 있다.

결론

(1)심한 진통으로 고통을 받고 현재 사용 약들의 부작용으로 못 견디는 노년의 환자들에게, 그리고 말기 암 환자들의 고통을 경감시키는 다른 마약성분의 진통제보다 효과가 더 좋고 부작용은 적다이때 경험 있는 의사의 처방 지시를 따라야 할 것이다.

(2)아직 젊은 층은(Teenager 포함) Amotivational syndrome(모든 일에 의욕이 없고 무기력해지는 증후군)과 Gateway drug(더 센 다른 마약을 추구하는 초입단계) 등의 문제점도 고려하여 사용을 삼가며 쾌락과 낙이 구분되는 방향으로 선도하여야 한다. 사용하는 순간은 즐겁고 평안하다고 하나 ,쾌락의 탐닉은 삶의 아픔을 피해보려는 몸부림일 뿐 결국 끝이 허망해질 뿐이기 때문에 쾌락에 빠져들면 누구나 소모되고 탕진돼 버릴 뿐이다. 모든 사람에게 필요한 즐거움의 추구로서 우리가 소위 말하는 낙이란 것(쾌락과는 구별)을 갖도록 권유하여야겠다. 우리주위에 문학, 미술, 음악, 운동, 여행 등등의 노력으로. 희열을 느끼어 만족하는, 나아가서는 내면의 충만함을 가지게 된다면 마리화나 같은

외부 쾌락의 자극을 찾지는 않을 것이다.

(3)마리화나가 술이나 다른 마약보다는 그 사용을 중단했을 시, 금단 증세가 훨씬 적다고는 하지만 과량을 복용한 사람에게서 금단증세로 불면증, 식욕저하, 구토, 구역질, 손떨림, 발한 등을 보여준다. 하지만 의사의 치료를 요할 정도는 아닌 미세한 증세이다.

(4)의료용으로써의 가치는 있어 사용시에 질병에 관여되는 의사의 지시하에 엄격히 용량, 종류 투여방법, 기간 등의 설정이 꼭 필요하다.(현재는 판매원의 재량대로 주어지고 있다.)

우리의 연구 보고가 미약한 시점에서 아직도 그 부작용이 다 밝혀지지 않은 시점에서 사용자가 급격히 늘어난 것이 유감이다. 장래 오락용으로 누구나 사용될 시, 특히 젊은이나 자녀들에게 가치관, 성취의욕 등을 재차 강화시켜서 남용이 안 되며 건강한 사회가 되도록 노력해야 할 것이다.

미국과 멕시코, 또는 의사와 문인의 경계를 넘어

– 최청원 산문집 ≪샌퀸틴 해변의 징검다리≫를 중심으로

김 성 곤

문학평론가, 서울대 명예교수

1. 두 세계 사이의 지식인

미국 캘리포니아에서 의술을 펼치고 있는 재미교포 최청원 내과전문의의 산문집 ≪샌퀸틴 해변의 징검다리≫은 현실과 이상, 의술과 인술, 그리고 육체와 영혼의 경계선 너머 또 하나의 세계로 독자들을 데리고 간다. 그는 지난 20년 가까이 주기적으로 8시간에서 9시간을 운전해 멕시코 샌퀸틴으로 가거나, 보다 더 가까운 티화나에 가서 4~5일 간씩 의료봉사를 해온 존경할만한 의료인이자 이 시대의 '선한 사마리아인'이다. 그의 저서를 읽으며, 독자들은 그가 운전하는 차를 타고 현실세계인 미국을 떠나, 가난한 사람들을 치료하고 돕겠다는 그의 이상이 구현되는 나라인 멕시코로 들어간다. 그러나 국경을 넘는 순간, 독자들은 미국이 이상이 되고 멕시코는 우리가 대면해야할 삭막하고 거친 현실이라는 사실을 깨닫게 된다. 마찬가지로,

그는 미국에서는 육체의 병을 치료하는 의사지만, 멕시코에서는 사람들의 영혼도 같이 치유하는 목자가 된다. 이처럼 그와 같이 가는 여정에서 독자들은 두 세계의 자리바꿈을 경험하고, 거기에서 발견하는 새로운 세상에 눈 뜨게 된다.

닥터 최는 자신이 기독교 집안에서 성장했고 기독교 계통 의과대학을 다녔지만, 독실한 신자는 못 된다고 말한다. 과연 그는 멕시코에서 복음을 전도하는 선교사 역할을 한다기보다는, 그냥 이웃을 돕는 진정한 기독교인의 모습을 보여주고 있다. 닥터 최는 이 책에서 God나 bless라는 말을 평생 해보지 않다가 처음 해보았다고 하니, 비록 크리스천이기는 해도 열렬한 기독교 신자나 선교사는 아니었던 것 같다. 그러므로 그가 멕시코에 펼치고 있는 의료봉사와 기부는 순수한 인간애의 발로처럼 보인다. 그의 봉사활동이 더욱 돋보이는 것도 바로 그런 이유에서이다. 왜냐하면, 선교를 목적으로 하는 종교활동보다는, 순수한 휴머니즘과 휴매니티에서 나온 기부나 봉사가 더욱 값지기 때문이다.

닥터 최는 자신이 그처럼 힘든 의료봉사와 재능기부를 계속할 수 있었던 원동력은 하늘의 별과 바다였다고 말한다. 문명의 때가 묻지 않은 멕시코의 원초적인 별빛과 바다는 그의 피로를 풀어주었고, 그의 원기를 회복시켜주었다. 〈윤동주와 별〉이라는 장에서 닥터 최는 이렇게 말한다.

그러나 어려움이나 피로를 딛고 지속할 수 있었던 내 마음 속의 원동력은 인간애에 앞서 그 첫날밤의 찬란하게 빛나던 별빛과 광활한 바다에 대한 그리움이었다고 나는 지금도 확신한다.

그것은 그가 멕시코에서 발견한 원초적 아름다움의 상징일 수도 있고, 문명세계에서는 이미 상실한 목가적인 꿈일 수도 있다. 그가 문명세계인 LA를 떠나 멕시코에 가서 추구하고 발견하려고 했던 것도 사실은 그런 대자연과 삶의 아름다움이었는지도 모른다.

그런 의미에서 ≪샌퀀틴 해변의 징검다리≫은 존 번연의 ≪천로역정(Pilgrim's Progress)]을 연상시킨다. 저자의 꿈 이야기인 ≪천로역정≫에서 주인공 크리스천은 낙담의 늪, 죽음의 계속, 허영의 거리를 지나며 여러 가지 시련을 겪고, 드디어는 하늘의 도시에 당도한다. 마찬가지로 닥터 최 역시, 죽어가는 가엾은 환자를 보며 낙담하고, 여정 중에 트럭의 바퀴가 빠지고 트레일러가 분리되어 죽음의 위협을 느끼기도 하며, 자신의 기부와 봉사를 남들이 칭찬할 때, 스스로를 돌이켜보며 겸손하게 반응한다.

그는 윤동주의 시 〈투르게네프의 언덕〉을 좋아한다. 이 시에서 화자는 가난한 이아들 앞에서 차마 지갑이나 시계 같은 자신의 귀중품을 내줄 용기가 없어 손으로 만지작거리기만 했다고 고백하는데, 닥터 최는 자기도 "나 자신 여러 해를 봉사한다며 멕시코를 다녔지만, 진정으로 내게 있는 것들을 다 내어줄 수 있는 마음도 없었고 용기도 없었던 것 같다. 이를 보고 주위 사람들은 내가 의료봉사, 나아가서는 선교를 한다고 칭찬하는 것 같은데, 나 자신을 돌이켜보면 부끄러움만이 남는다."라고 쓰고 있다. 그러나 겸손한 닥터 최는 성실한 순례자 크리스천처럼 결국은 수많은 시련을 겪은 후 하늘의 도시에 도착하게 될 것이다.

≪샌퀸틴 해변의 징검다리≫은 또 존 스타인벡의 ≪찰리와의 여행(Travel with Charlie)≫도 연상시킨다. 이 책에서 스타인벡은 충직한 개 찰리와, 돈키호테가 타고 방랑하던 말의 이름을 따서 자기가 로시난테라고 부르는 자동차를 타고 미국을 일주한다. 당시 건강이 약화된 스타인벡은 친구이자 민주당 대통령후보였던 애들라이 스티븐슨의 권유로 일에서 벗어나 미국횡단 여행에 나서는데, 그 과정에서 그는 미국이란 과연 무엇인가를 탐색하게 된다. 그 중에서 잊지 못할 명장면은 스타인벡이 남부를 지나다가 백인 히치하이커를 태웠는데 그가 인종차별주의자라는 사실을 발견하고는 길 가에 차를 세우고 그를 내리게 하는 부분이다.

≪샌퀸틴 해변의 징검다리≫에서 닥터 최 역시 캘리포니아와 멕시코를 오가면서, 서로 붙어 있는 땅인데도 너무나 다른 두 나라인 미국과 멕시코의 의미를 탐색 한다. 스타인벡의 책에서처럼 ≪샌퀸틴

해변의 징검다리≫에서도 감동적인 장면이 나온다. 멕시코에서 같이 간 이수연 씨 차의 브레이크가 고장 나자, 멕시코에 홀로 남겨지는 것을 두려워한 이수연 씨가 브레이크가 고장 난 채로 차를 몰고, 일행의 차를 따라 미국으로 돌아오려 한다. 그 때, 그가 사고를 낼 것을 우려한 닥터 최가 고민하다가 다른 사람의 차타기를 포기하고 이수연 씨의 브레이크 고장 난 차에 같이 탄다. 다행히도 돌아오는 도중, 일요일에 문을 연 카센터를 발견해 차를 수리했지만, 닥터 최가 타인을 위해 기꺼이 자신의 목숨이 달린 동반여행을 결정하는 장면은 감동적이었다. 그 장면을 읽으면서, 닥터 최가, "친구를 위해 목숨을 버리는 것보다 더 위대한 사랑은 없느니라."는 바이블의 가르침을 실천하는 사람이라는 것을 알 수 있었다.

닥터 최는 멕시코 아이들과 놀고 돌아오는 길에 자신의 공부방을 멕시코 아이들과 같이 사용하고 싶다고 말하는 착한 아들에게, "너와 멕시코 아이들의 다른 점은 무엇이지?"라고 묻는다. 그리고는 아들의 대답을 듣기 전에 자문자답한다—"이유는 딱 하나 …… 단지 그들은 멕시코 오지에서 태어났고 너는 미국에서 태어난 것 뿐…… 이런 은혜를 거저 받았으니 주어진 것에 앞으로는 감사해야지." 그 순간, 닥터 최는 아들에게 부모가 줄 수 있는 최상의 선물을 주고 있고, 훌륭한 레거시(legacy)를 만들어내고 있으며, 위대한 유산을 다음 세대에게 물려주고 있다.

나는 늘 사람들에게 부모가 자녀에게 줄 수 있는 최상의 선물이 어렸을 때 해외에 나가 살아보게 하는 것이라고 말해왔다. 그래야지 글로벌 마인드를 갖게 되어 넓은 시야로 세상을 보며 타자와 더불어 사는 세계의 시민이 될 수 있기 때문이다. 그러나 이 장면을 읽으며, 나는 부모가 자녀에게 줄 수 있는 더 큰 선물이 있다는 것을 깨닫게 되었다. 즉 자녀로 하여금 자신이 받은 은혜에 감사하고, 자신이 받은 만큼 남에게 베풀며 살아야한다는 것을 가르쳐주는 것이야말로 부모가 자녀에게 주는 더욱 소중한 선물이라는 것을 말이다. 그것이 왜 피츠제럴드의 ≪위대한 개츠비≫가 이렇게 시작되는가 하는 이유일 것이다. "내가 아직 어리고 상처받기 쉬울 때, 아버지는 내가 그 후 언제나 되새겨보는 충고를 해주셨다"—'다른 사람을 비판하고 싶을 때마다, 이 세상의 모든 사람이 너처럼 좋은 조건을 갖고 있지 않다는 사실을 기억해라.' 닥터 최와 피츠제럴드는, 나는 왜 하필 한국에서 태어났을까, 하고 한탄하는 이 땅의 젊은이들에게 북한에서 태어나지 않은 것만도 축복이라는 사실을 깨닫게 해준다.

≪샌퀀틴 해변의 징검다리≫은 우리 모두가 타인의 상처를 치료해주어야 하는 사명을 갖고 태어났다는 사실을 깨우쳐준다. 그럼에도 불구하고, 우리는 우리보다 못한 사람들을 무시하고 미워해서 그들에게 지워지지 않는 마음의 상처를 입힌다. 그래서 〈우리를 너무 무시해요〉는 모든 한국인이 읽어야 하는 부분이다. 우리는 자기보다

가난하거나 약한 사람을 무시하는 잘못된 태도를 갖고 있다. 비록 빈부의 차이는 있어도 인간 존엄성에 있어서만큼은 모두가 평등한데, 우리는 우리보다 못한 사람들의 존엄성을 무시하는 경우가 많다. 그래서 "한국 사람들은 우리를 너무 너무 무시해요."라는 안토니오의 말이나, "이 한국인 가게에서 일한 지 10년이 넘었는데, 우리 주인은 한 번도 식사를 같이 하자고 한 적이 없어요."라는 하노의 말은 우리 가슴에 비수처럼 와 꽂히며 우리를 부끄럽게 한다.

영화 ≪크래쉬≫는 LA에서 교통사고를 낸 한국계 아줌마가 앞 차에 탄 멕시코계 여성이 경찰인지 모르고, "너희 멕시칸들은 운전을 못해! 멕시칸들은 다 불법이민자들이야!"라고 소리 지르는 장면으로 시작된다. 이 장면을 한국에 대한 비하라고 분노하는 사람도 있지만, 나는 반대로 그 장면이 멕시코 인에게 편견을 갖고 무시하는 한국인의 바람직하지 못한 특성과 부정적 이미지를 잘 드러내지 않았나 생각하고 속으로 반성했다.

2. 상처 입은 영혼을 치유하는 인술과 인정

은행가였던 시인 T. S. 엘리엇은 시를 값진 재화로 보았고, 변호사였던 시인 월러스 스티븐스는 시를 우주의 질서와 조화로 보았으며, 의사였던 미국 시인 윌리엄 칼로스 윌리엄스는 시란 인간의 영혼을 치유하는 것으로 보았다. 닥터 최의 의료봉사와 그 경험을 기록한 산문집도 우리의 영혼을 치유하는 역할을 하고 있다. 멕시코에 가서 가난한 사람들을 위로해주고 병자를 치료해주는 그의 경험담을 읽는 독자는 닥터 최가 비단 병든 육신 뿐 아니라, 상처 입은 영혼까지도 치료하고 있다는 사실을 깨닫게 된다. 또한 저자가 이 책의 바탕에 깔고 있는 기독교 정신도 분명 정신적 치유의 힘이 있을 것이다.

물론 의사는 몸의 상처나 환부를 치료해주는 사람이다. 그래서 닥터 최의 의술은 육체적인 질병과 상처를 치료해준다. 현대의 〈몸 담론(Body Discourse)〉에 의하면, 몸 또한 영혼만큼이나 중요하다. 몸이 없으면 영혼을 담을 그릇이 없어지기 때문이다. 그러나 닥터 최의 궁극적 목표는 육신의 치료를 넘어서는 영혼의 치유이고, 따뜻한 인간애의 구현이다. 그런 의미에서 닥터 최는 병든 몸과 아픈 영혼을 둘 다 치료해주는 이상적이고 완벽한 치료사라고 할 수 있다.

≪샌퀸틴 해변의 징검다리≫에서 닥터 최는 괴테의 [파우스트]의 대사를 인용해, 영원히 여성적인 것이 우리를 구원한다고 말한다. 사실 위대한 문학작품 속에서 여성 또는 여성적인 것은 언제나 남성을 구원한다. 예를 들면, 괴테의 그레첸(〈파우스트〉), 단테의 베아트리체(〈신곡〉), 도스토예프스키의 소냐(〈죄와 벌〉), 그리고 톨스토이의 카츄샤(〈부활〉)가 그렇다. 닥터 최가 만난 멕시코 여성 사비나의 어머니 같은 여성적 부드러움도 우리를 구할 수 있다. "부드러운 것이

강한 것을 이긴다."는 장자의 가르침도 바로 유연한 여성적 원리가 경직되어 부러지기 쉬운 남성적 힘보다 더 강하고 위대하다는 것을 우리에게 깨우쳐준다.

≪샌퀀틴 해변의 징검다리≫에서 닥터 최는 여러 에피소드와 문학적 인용을 통해 삶의 의미를 심도 있게, 그리고 다각도로 천착하고 있는데, 그걸 읽으면서 문득 로버트 프로스트의 시 〈가지 않은 길〉이 생각났다. 닥터 최의 삶은 그가 의사와 자원봉사자, 의사와 문인 그리고 한국인과 미국인의 경계를 넘었기 때문에, 결국은 프로스트가 말하는 두 길을 다 간 셈이 되기 때문이다.

노란 숲 속에 두 갈래 길이 있었다.
그 두 길을 다 갈 수가 없어
난 한 길을 선택한 후, 거기 오래 서서
저 멀리 뻗어 있는 그 길을 바라보았다.
덤불 속에서 갈라진 곳 까지 뻗어있는 길을.

그리곤 다른 길을 바라보았다, 똑 같이 아름다운 길을
더 푸르고 사람이 덜 다닌 길이어서
어쩌면 더 나아보이는 길을.
사실은 그 길도 똑같이 사람이 많이 다닌 길이었지만.

그날 아침, 두 길이 똑 같이
아직 밟히지 않은 나뭇잎 위에 놓여 있었다.
오, 나는 또 하나의 길은 다음에 가기로 미루었다.
하지만 길이란 어떻게 또 다른 길로 이어지는지를 알고 있었기에
다시는 돌아오지 못하리라는 것을 알고 있었다.

오랜 세월이 흐른 후에
나는 한숨을 쉬며 이렇게 말하리라.
숲 속에 두 갈래 길이 있었고, 나는—
사람이 덜 다닌 길을 선택했노라고
그리고 그것이 모든 것을 바꾸어놓았노라고.
– 프로스트 〈가지 않은 길〉

보통 사람들은 평생 한 길밖에 가지 못하는데, 닥터 최는 프로스트가 말한 두 길을 다 간 희귀한 분이다. 그는 평생 미국과 멕시코의 국경, 현실과 이상의 경계, 그리고 풍요와 빈곤의 차이를 넘나들며 인간의 가치를 탐색하고, 보다 나은 세상을 추구했던 진정한 프런티어스맨(Frontiersman)이었다.

물론 국경과 경계를 넘는 것은 쉬운 일이 아니다. 과연 멕시코에

오갈 때마다, 닥터 최는 어려움을 겪는다. 양국의 관료주의적인 국경 수비대와 세관원들이 의약품과 구호품을 마약이나 밀수품으로 오해하기 때문이다. 마찬가지로 어떤 두 가지 사이의 경계를 넘는 것 또한 결코 쉬운 일이 아니다. 내가 1990년에 국내에서는 처음으로 영화를 통해 그 나라의 문화를 읽어내는 작업을 시작했을 때, 교수들 중에는 학자가 왜 품위 없이 영화에 대한 글을 쓰는가하고 의아해 하는 사람들이 있었다. 그러나 오늘날, 영화 텍스트는 영문과 뿐 아니라, 불문과, 독문과 , 그리고 심지어는 국문과에서도 널리 사용되는 부교재가 되었다. 다만 그 당시에는 사람들이, 아직 영화를 문학과 똑같이 중요하게 취급하고, 영화를 문화 텍스트와 사회문서로 보는 [문화연구(Cultural Studies)]라는 사조가 막 생겨나고 있었다는 것을 몰랐을 뿐이다.

그래서 시대를 앞서 가고 경계를 넘는 일은 늘 오해를 수반한다. 그러나 세월이 흐르면, 경계 넘기가 얼마나 중요한 것인가를 모두가 알게 된다. 그리고 경계를 넘으면, 자연히 두 세계를 다 경험하게 되고, 두 길을 다 갈 수 있게 된다. 다행히 사람들의 인식과 세계가 변해서 요즘 학계에서는 '두 세계 사이의 지식인' 또는 '경계선 상의 지식인'을 가장 바람직한 학자라고 본다. 닥터 최는 평생 병원일과 의료봉사, 의학과 문학, 그리고 미국과 멕시코의 경계를 넘나들었던 이 시대의 가장 바람직한 의사의 모습을 보여주고 있다. 그는 이 책에서 "의술은 인술이다"라고 말한다. 그리고 "인술은 인심이다"라고도 말한다. 많은 의사들이 항간에 회자되는 농담처럼, '히포크라테스의 선서'가 아니라, '히포크릿(위선자)의 선서'를 하고 돈 버는 일에만 전념할 때, 닥터 최는 바쁜 시간을 쪼개 멕시코의 오지로 가서 가난하고 의료혜택을 받지 못하는 그곳 원주민들을 치료해주고 도와준 진정한 인술의 대가로서 오래 기억될 것이다.

3. ≪샌퀀틴 해변의 징검다리≫: 삶의 의미와 가치를 찾는 여정

≪샌퀀틴 해변의 징검다리≫에서 저자는 자신의 풍부한 경험을 통해 여러 가지 삶의 지혜도 가르쳐주고 있다. 예컨대 이 책의 마지막에 닥터 최는 부부의 사랑이 식어가는 문제에 대해, 사랑을 감정이나 열정으로만 시작하지 말고, 친구로서, 동반자로서 시작하라고 조언한다. 즉 매혹이나 황홀이나 열병으로서의 사랑을 하지 말고, "비올 때 같이 비 맞아주고, 힘들어할 때 따뜻한 손길을 내밀어주고, 슬플 때는 울어줄 수 있는 그런 우정의 동반자가 된 후, 차근차근 사랑의 여정을 쌓아간다면 한 층 더 오래 지속되는 사랑을 가질 수 있다."는 것이다. 나 역시 결혼식 주례를 할 때마다, 신랑신부에게 베스트 프렌드가 되라고 한다. 그리고 케네디 전 대통령의 취임연설을 약간 바꾸어서, 내 배우자(파트너, 친구)가 내게 무엇을 해줄까 기대하지

말고, 내가 그 사람에게 무엇을 해줄까를 늘 먼저 생각하라고 신랑신부에게 말해준다. 그건 비단 부부나 남녀 간의 사랑 뿐 아니라, 모든 인간관계에서도 마찬가지일 것이다.

저자는 또 원주민들을 대할 때, "따뜻한 시선으로 친절하고 성의 있게 대하면 마음속에 깃든 내면의 품위를 알아보고, 허리를 굽히며 존경을 표하고 따른다."라고 쓰고 있다. 그러나 동시에 그는 "그러나 일을 진행시키려면 권위도 필요하다. 진심담은 친절과 질서를 유지하면서 권위를 자연스럽게 융화 시켜야 한다."라고 말한다. 참으로 옳은 말이다. 다산 정약용은 ≪목민심서≫에서 지방수령이 아전을 대할 때의 태도를 언급하며 비슷한 이야기를 하고 있다.

> 수령은 신영 나온 아전과 하인을 대함에 경솔히 체모를 손상해서는 안 되며, 또한 뽐내고 젠체해서도 안 된다. 장중하되 능히 화평하면 될 것이니, 오직 묵연히 말을 않는 것이 무상의 묘법이다. 수령은 급히 말을 달리지 말아야한다. 그리하면 성질이 경박하고 조급하게 보인다. 아전을 배려해주어야 하며, 비록 몸을 굽히지 않는 아전이 있더라도 책망하지 말고, 마치 말 못하는 사람처럼 함구할 것이다.

나 또한 서울대학교에서 본부 보직을 8년 동안 맡아 일하면서, 그리고 지금은 문화체육관광부에서 4년째 일을 하면서, 늘 다산의 가르침을 유념해왔다. 내 밑의 실/국장을 대할 때, 절대 책잡히거나 품위를 잃을만한 일을 하지 않고, 잘못할 때는 호되게 꾸짖되, 잘할 때는 아낌없이 칭찬해주며, 너무 까다롭지 않아야 하며, 때로는 실수를 알면서도 모른 채 그냥 지나가면 자연히 그들의 존경을 받게 된다. 물론 업무의 전문성에서도 그들을 앞질러야 한다. 닥터 최는 그런 것들에 통달해있다는 점에서도 지혜로운 행정의 달인처럼 보인다.

또 닥터 최는 젊은 인턴 시절, 자신의 보스인 닥터 도허티가 한 자기에게 해준 말을 기억한다—"그간의 호의를 나에게 되돌려주려고 하지 마라. 단지 언젠가 인턴 당시의 너와 같이 어려움에 처한 사람을 보면 손을 내밀어주어라. 그것이 나에 대한 되돌림이다." 그리고 그는 자신이 받은 은혜와 호의를 도움이 필요한 멕시코 원주민들에게 돌려준다. 많은 사람들이 남의 도움을 당연한 것으로 생각하는 세상에서 닥터 최는 자신이 받은 것보다 훨씬 더 많은 것을 도움이 필요한 사람들에게 되돌려주었다는 점에서 존경할만한 분이다.

≪샌퀀틴 해변의 징검다리≫은 흥미 있는 여행서자 삶에 대한 명상록이며, 뛰어난 산문집이자 감동적인 수필집이다. 예전에는 수필을 난이나, 학이나, 청자연적 같은 고고하고 단아한 것이라고 생각했다. 그러나 오늘날 수필은 자신의 개인적 이야기를 통해 사회현상을 비판하거나, 보다 더 큰 주제를 다루는 장르가 되었다. 그런 의미에

서 ≪샌퀸틴 해변의 징검다리≫은 한 권의 훌륭한 수필문학 작품이다.

교육의 목적 중 하나는 어떻게 하면 가치 있는 삶을 살 수 있고, 다른 사람들을 위해 좋은 일을 할 수 있으며, 사회에 공헌할 수 있을 것인가를 가르치는 것이다. 그리고 문학의 목적도 다양한 유형의 사람들을 등장시켜, 어떻게 하는 것이 과연 인간답게 사는 것인가를 보여주는 것이다. 그러나 유감스럽게도 오늘날 한국의 교육은 그러한 책임을 포기하고 오직 입시준비에만 올인 하고 있으며, 유리 문학도 정치이념에 경도될 때가 많다. 다행스럽게도 ≪샌퀸틴 해변의 징검다리≫은 교육과 문학이 추구하는 바로 그러한 문제들을 다각도로 성찰하게 해준다는 점에서 대단히 가치 있고 주목할 만한 책이다. ≪샌퀸틴 해변의 징검다리≫은 우리에게 어떻게 사는 것이 보람 있고 가치 있는가를 설득력 있게 보여주고 있다.

이 책을 읽으면서 나는 내내, 편안한 삶을 버리고 아프리카의 오지에서 인술을 펼쳤던 슈바이처를 생각했다. 닥터 최는 한국과 미국이 자랑할 만한 보기 드문 이 시대의 슈바이처다.

김성곤_ 문체부 산하 한국문학번역원장, 문학번역가
〈The Korea Herald〉 및 문화일보 칼럼니스트